JN175083

口絵

3章

P.93 始業前のシステム▶

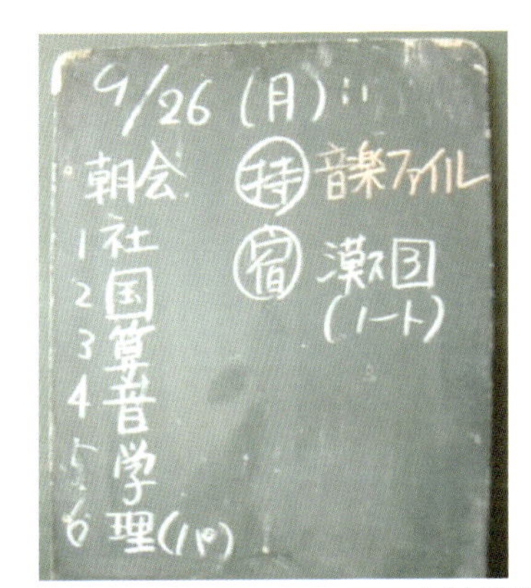

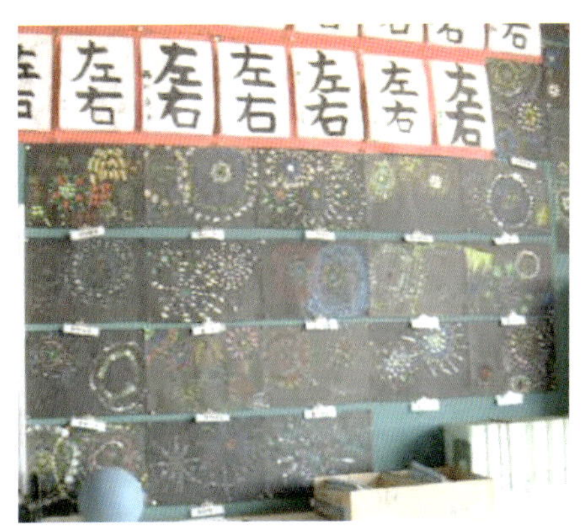

P.94 確認は短時間で素早く

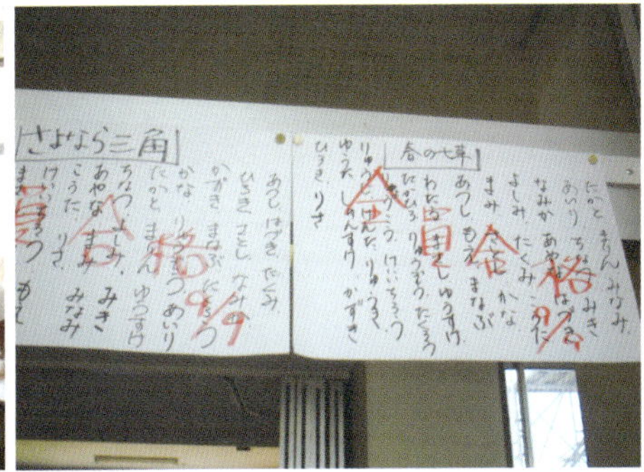

P.101 提示物処理

P.159 より

1　なわとび級表
窓ガラスにはってある。
おそらく、自己申告で○をつけさせていく。

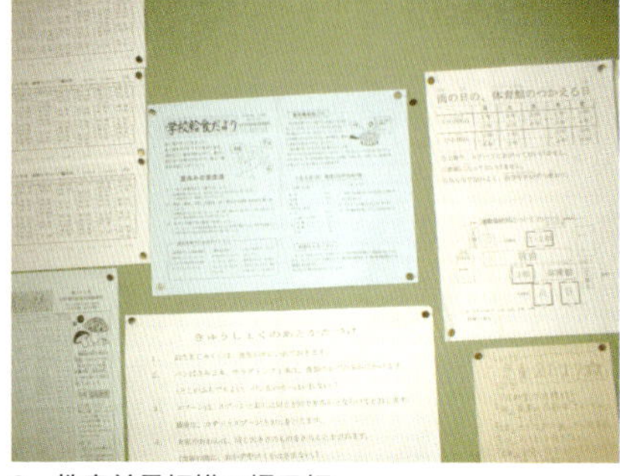

2　教室前黒板横の掲示板
「学校給食だより」
「体育館使用日」
「児童会だより」
などが掲示されている。

3　教室前黒板横の棚
きれいに整理されている。

4　廊下側の棚
手前にあるのが百人一首。
色別に輪ゴムで止めてある。

P.160より

5　机横の文房具セット 1
鉛筆や赤鉛筆がぎっしりと入っている。
チョークも豊富。
丸磁石がよく使われる。

6　机横の文房具セット 2
同じ場所。
角度を変えて。

7　教卓の後ろの棚
谷先生の著書もある。
向山型国語教え方教室のバックナンバーがずらり！

8　廊下側の棚
百科辞典がずらり。
子どもたちが手をのばして取りやすくなっている。

P.161 より

9　教室背面の掲示板
暗誦スキルの作品がずらりと並ぶ。

10　酒井式のポスターと習字
ポスターは滝野南小のホームページから見ることができる。

11　クラスのボール
豊富にある。
サッカーボール、ドッチボール。ソフトバレーボールの3つ。谷先生の許可を得ないと借りれないシステムらしい。

12　谷学級の授業中の様子
心地よい緊張感と知的な空気が漂う。

谷 和樹の

学級経営と仕事術

著・谷 和樹
TANI KAZUKI

騒人社

まえがき

学級経営の質は、授業の質と比例する。

学級経営だけが上手くて、授業は下手だという教師はいない。その逆もない。

私は、4月に学級が始まる時には、数冊のノートを用意することが多い。TOSSランドや向山洋一氏の著作を検索し、プリントアウトしてはりつける。あるいは書き写しておく。

たったこれだけの準備が、後でどれほど役に立つかわからない。もちろん、その授業時期が近づいてから探した方がいい場合もあるだろう。提示用のリッチコンテンツなどは、私も間近になって準備することが多い。しかし、毎日の仕事に追われて、明日の授業の準備が不十分だということだってある。準備ができないまま当日になり、そのまま教室へ向かうことだってある。TOSSランドの指導案を月別にはったノートを準備しておくだけで、1年間の授業に一定の質を保証できることになる。当然の危機管理だ。

授業の質を保証することが学級経営を安定させることにつながるのである。

サークルで聞いてみたら、この程度の準備でもやっている人は少なかった。

向山氏の実践はコピーしてノートにはりつける。ノートの見開きの片側は空けておき、後で書き込みができるようにしておく。

向山氏の追試をするのとしないのとでは、その1年間の授業のレベルが全く違うものになってしまう。したがって学級経営の質も全く違ってしまう。

再度確認する。学級経営の質は、授業の質と比例する。

ただし、である。

そのことを前提としながらも、しかし、もっと細かくて具体的なことが知りたいという場合もあるだろう。

最近、若い先生から学級経営についての質問を受けることが多くなった。そのたびに、「授業が上手くなることです。」と答えることもできる。しかし、それではやはり不親切だろう。

本書では、学級経営についてこれまでに書いてきた文章をまとめ、若干の手直しをして編集した。それぞれのテーマごとに集めてあるので初出の時よりも読みやすくなっていると思う。

また、ここ数年、私のクラスを「1日中参観させてほしい」という先生が増えてきた。

サークルの先生も来られるし、時には遠方からの参観を希望される場合もある。そのような参観については、私は条件が許す限り、来ていただくようにしてきた。

その際、感想や分析のレポートを提出していただいた。中には非常に細かい視点で分析してくださったものもあり、私自身とても勉強になった。そのようにしていただいたレポートもかなりの分量になったので、一部を本書に含めさせていただくことにした。

そうしたレポートも含めて、全ての文責は谷にある。ご批判・ご叱正をいただければ幸いである。

本書の内容は、向山洋一先生のご指導がなければ何一つ書けなかった内容ばかりです。

また、本書は2006年に明治図書から出版されたものの改訂版です。改訂版の出版にあたっては騒人社の師尾喜代子様から多大なご助言、多くの励ましのお言葉をいただきました。この場をお借りしてお礼を申し上げます。本当にありがとうございました。

2017年10月14日　　谷　和樹

目次

2章　教師の仕事術　51

3章　参観者が見た谷学級　79

序章

教師の条件

1　笑顔と力量

教師の「笑顔」は、その人の力量を雄弁に物語る。授業前の教師の表情を見ただけで、その力量は推定できる。

私が同学年を組ませていただいた女の先生には素晴らしい人が多かった。新卒２年目に同学年だった「悦子先生」もそのひとりである。力のある先生だった。駆け出しの私にやり方を強制することなく、私の思うまま自由にやらせてくださった。しかし、若かった私のクラスとの学級経営力の差、授業力の差は、あまりにも歴然としていて、誰の目にも明らかだった。

悦子先生のクラスでは、先生が出張で自習の時でも、子どもたちだけで討論の授業が進められていた。私は自分の力量の無さを、子どもたちの事実によって、いやというほど見せつけられた。心地よい敗北感だった。

悦子先生の実践の細部は、当時の私の力量では見て取ることができなかったし、今も再現することができない。しかし、極めて印象的であり、現在も鮮明に覚えていることがある。

それは先生の「笑顔」である。

研究授業でビデオ録画を担当した私は、授業前の悦子先生の表情を、わざわざアップにして撮った。それほど印象的で引き込まれる笑顔であった。その映像は今も大切にとってある。

あの笑顔で何か言われたら、どんな子どもでも言うことをきいてしまうに違いないと思った。私たちはそれを「悦子マジック」と呼んでいた。

教師の笑顔が大切だと実感した経験の、それが最初であったと思う。その後、向山先生が笑顔の大切さを書いておられるのを読み、深く納得した。

その後、悦子先生は退職され、しばらくそのことは忘れていた。最近、TOSSのセミナーで、それに匹敵する笑顔をみた。

大阪の女教師セミナーである。

TOSSの女教師の授業は明るい。しかも上品である。その上リズミカルだ。そう、まさに引き込まれるような笑顔なのだ。

2　笑顔の練習

あるセミナーで模擬授業をした。

何人かの方が感想をメールなどで送信してくださったのだが、多かったのは「笑顔」についてのコメントである。

川原雅樹氏
笑顔が相変わらず素敵です。子どもも、今回のようなセミナーでの受講者も本当安心します。

福井三千穂氏
セミナーで、ものすごく印象に残ったのが、模擬授業の始まりの谷先生の笑顔。あんなににこっとされたら思わずにこっと返してしまいます。授業を不機嫌な顔で始めてないか、自分を振り返ってみました。あの笑顔は練習しないと私にはできません。さっそく練習しています。

福井先生のコメントに「さっそく練習しています。」とあることが、私にはとりわけ印象に残った。私もかつて「笑顔」を練習したからだ。このことについては、忘れられない思い出がある。

私は、プロというのはどんな職業であれ、いったんお客さんの前に出たらいつでも、どんな時でも笑顔で応対できるべきだと考えている。教師になってすぐの時からそう思っていたし、今でも思っている。

桂枝雀は鏡の前で笑顔の練習をした。落語家とて人間である。家庭でも、自分の健康についても様々なことがある。いつでも楽しいわけじゃない。しかし、いったん高座にあがれば必ず面白いことを言って客を笑わせなければならない。それがプロの仕事だ。そこで彼はどんな心理状態の時でも笑顔が作れるように練習したのである。

練習するというのは、ただ笑うのではない。顔面の筋肉の動きを記憶するのである。頬の筋肉をこれくらい上げる。目じりをこれくらい上げる。口の横の筋肉はこれくらい…というように、いろいろな笑顔の筋肉の状態を体で覚え、いつでもそれを作れるようにするのである。厳しさを伴う訓練なのだ。

落語家のように何種類もの笑顔は作れないが、私もせめて自分の一番いい笑顔はいつでも「作れる」状態になりたいと思った。そして実際に鏡の前でその練習をしたのである。

ある時、若かった私は、その「笑顔を作る」ことで先輩の先生と議論した。つまり、「笑顔なんて作るものじゃない。子どもの前で人間としての素直な感情を出していくのが教師としてはいいのだ。」というわけだ。その意見に私は賛成できなかった。

もちろんそういう場合もある。私だって子どもの前ではいつでも四六時中にこにこしていろと言っているのではない。そうではなくて、授業のプロとして、笑顔で授業を始めたいと思ったらいつでもできるように私はなりたかったのである。

かつて有田和正氏は「面白いから笑うのではない。笑うから面白くなるのだ」と言った。そのとおりだ。笑顔をつくると、気持ちも実際に楽しくなる。このことは現在では科学的に証明されているようだ。東京大学の池谷裕二先生は口でペンを噛ませて笑顔の表情を強制的につくった状態で被験者に漫画を読ませた実験の結果を紹介している。笑顔の表情をつくって漫画を読ませたときのほうが、そうでないときに比べて面白く感じるという。

現在の私は、「笑顔をつくる」ことをほとんど意識しない。ふだんの授業では意識しないで笑っていると思う。2011年に小学校で算数の飛び込み授業をしたときに、参観していた現職教員の大学院生が書いた感想を紹介する。

教職大学員生

「最近のビデオカメラは高性能だ。スマイルのパーセンテージが出る。顔を自動認識し、笑顔かどうかをカメラが認知する。そこに笑顔○%と表示されるのだ。谷先生は、最初から最後まで、80%以上をキープしていた。そして、ほとんどの時間、95%が表示されていたのだ。谷先生の授業は、笑顔でいっぱいだった。子どもたちにとっては、たとえ、初めて出会う大人だとしても、笑顔で明るい先生に対して、好意をもつのだ、ということがよくわかった。そして、それは、年齢には関係がないということも。笑顔は、子どもを育てる点で、最もベースになるところだと思う。谷先生の授業は、実に楽しい。『授業、終わりにする？』と尋ねると、『えー、まだやりたい！』と子どもが答える。こういう授業をやってみたいものだ。」

3　教師の仕事は驚くこと

教師の仕事は驚くことだ。向山洋一氏から学んだことである。

向山氏は漢字スキルを家で練習してきた子や、社会科の調べ学習を家でやってきた子がいると、ものすごくびっくりして、いっぱいほめる。その場で何か評価を書いてあげたり、みんなに紹介したりする。

子どもが家でやってきた「ささやかな学習の成果」を、次の日に教師に報告に来たのだ。ここで驚くことができない人は教師に向かない。

それも、とってつけたようにわざとらしく驚いてはいけない。子どもはすぐに見抜く。子どものほんの僅かな、ささやかな変化に、その努力に、心の底からびっくりできる感性を持たなければならない。

２年生を担任した時、生活科の校外学習に出かけた。「お店でお買い物」をしに行くのが目的だ。その際、駅で時刻表と料金表を見せたいというねらいもあった。

駅についてから、お店の開店までしばらく時間があった。私は子どもたちに指示をした。

駅には、駅の人のいろいろな工夫があります。何でもいいから、見つけたことをできるだけたくさん書いておきなさい。時間は 10 分です。

子どもたちは三々五々、あたりをまわりはじめた。

通常は、クラスの３分の１くらいの子が少しだけ書き始め、あとの３分の１はよく分からないままボヤーッとし、残りの３分の１くらいは指示をまったく守らずに遊んでいる。これが普通の姿だ。本校の２年生たちも、やはり多くの児童が何も書けずにぶらぶらしていた。

私はどうしていたかというと、単に驚いていた。

子どものひとりが「○○があった。」と言いにくれば、びっくりして「へえーっ、すごい。そんなのがあったの？」と驚いた。

「先生これ書いた。」と言いにくれば、「すごい！こんなにちゃんと書いているんだねえ。先生びっくりした。」と驚いた。

鏡を見つけた子がいれば驚き、防犯カメラを見つけた子がいれば驚き、全部で７個書いた子がいれば驚き、つまり、はじめから最後まで、ただただ驚いていただけなのであった。

結果、どうなったかと言うと、私のクラスの超弩級やんちゃ坊主を含めて、みんながたくさんメモをした。多くの子がたくさん書きすぎて紙が足りなくなった。鏡、案内図、方向を示す信号、非常用の電話など、実にたくさんのものに気づいていた。再度繰り返すが、私は最初に指示をした以外は、あとは驚いていただけなのである。結局 10 分の予定を 15 分まで延長した。

お買い物をすませて学校に帰ると、お料理会である。隣の先生の発案である。私には到底思いつけない発想の楽しい企画だ。全部「お任せ」にしていた私は、何をしていたか。ここでも最初から最後まで「驚いていた」。

ヘェーッ。○○くん、包丁の使い方、上手だなあ。先生初めてみた。すごいなあ。

ウワーッ、これおいしそうだねー。誰が作ったの？

実に楽しいイベントだった。

第1章

プロ教師の学級経営

Ⅰ　学級経営―出会いの技術

1　出会いの指名なし発表

新学期。新しいクラスの子どもたちと出会った。初日からすぐに「指名なし発表」をする。

始業式が終わって、教室に入る。教師の自己紹介をし、質問を受けつける。楽しい質問が次々に飛び出す。テンポよく受け答えをし、爆笑となる場面が何度もあった。教室は和やかで、やや活気づいた雰囲気になっている。そこで次のように言う。

みんなからも簡単に自己紹介をしてもらいます。短く言います。「名前」と「6年生になってがんばりたいこと」を何か一つです。

例えば、「私の名前は○○です。６年生でがんばりたいことは、〜です。」こんなふうに言えばいいのです。

連絡帳を出して、言いたいことを書いてごらんなさい。

つまり、短く自己紹介してもらうことを告げ、どのように言うかの例示をしたのだ。さらにそれをノート（今回は連絡帳）に書かせた。ここまですれば、ほとんどの子は何か発表できる。

書かせる時間を約1分30秒とった。さらに詰めをする。

書けた子を起立させ、次のように言う。

おとなりに聞こえないくらいの小さな声で、発表の練習を何回かしてごらんなさい。

この時、まだ書いている途中の子もいるが、そのまま書かせておく。みんなが練習している間に追いついてくる。

中に「ちょっと大きな声」で練習するようなひょうきんな子がいて、また笑いが起きる。

約1分後。

もう「言えるな」「覚えたな」と思う人は座りなさい。

ほとんどの子が座る。数名立って練習しているが、にこやかに待っていればよい。

みんな、すごいなあ。こんなに短い時間で考えて、練習もできてしまうなんて。

のようにほめた。さらに、その30秒後。

もしも忘れたら、今書いたのを見ればいいのだからね。いったん、そこまでにします。

私は教室の中央まで歩いていき、机の向きを変えさせた。

ここを中心にして、机を全部こちらに向けなさい。

それから、教室の前の方に移動して次のように指示する。

では、先生はあてませんから言いたい人から立って発表してください。

子どもから「全員が言うのですか。」という質問があった。

もちろん、全員言ってもらいます。それでは、どうぞ。

次々に立って５名程度が発表したところで発表が途切れた。
次のように言う。

あてませんから、次々に言ってください。最後の方になるほど大変だから。自信のない人から先に言ってね。

今度は、どっと立って発表をし始めた。数名発表したところで「ちょっと待って」と止める。

上手に発表しています。でもこんなにたくさん立っているとわけが分かりません。次に言いたい人がひとりだけ立って、あとの人は譲りなさい。全員必ず発表するのですから。

その後は全く途切れることなく、次々と発表が続いた。けっこう長く言う子もいる。最初の発表だから、とても意気込みのある目標を言う子が多い。面白いことを言う子もいて、みんなにこにこして聞いている。
33名、全員が発表するのにかかった時間はおよそ５分であった。最後にうんとほめて終了。

２　朝掃除の指示

本校では、始業式の日に朝掃除をすることになっている。８時25分。チャイムが鳴って教室に子どもたちが座った。夏休み明けで久しぶりにかわいい子どもたちの前に立つ。つい余計な話をしたくなる。しかし、私は教壇に立って「おはよう」と元気よく言うと、すぐに次の指示をした。

朝掃除をします。分担はこの表（教室全面にはってある１学期の分担）のとおりです。
教室掃除は「ぞうきんがけ」をしません。「机おくり」と「掃き」だけとなります。
トイレ掃除は床に水を流しません。ほうきで掃いて目立つゴミをとり、便器の水を流しておしっこの黄ばみやウンコなどのよごれをとるだけで済ませます。
他の掃除場所はいつもどおり。
8時40分までに教室にもどりなさい。
質問は？

質問はない。

では、分かれ。

子どもたちはサッと散っていった。

ぞうきんがけをしないのは、単に時間の節約である。始業式に遅れると困るからだ。トイレの床に水を流さないのも同じ理由による。

私はまず教室の掃除がスムーズに動きだすのを見てから、各掃除場所を順にまわる。どの子も熱心にやっている。

3　始業式の発表指導

本校では、始業式にクラスの代表１名が「２学期にがんばること」の発表をすることになっている。発表者は１学期の終わりに選んである。私のクラスでは、これまで一度も発表したことのない子の中からジャンケンで発表者を選ぶ。
その子は夏休みの間に発表原稿を考えてくるわけだ。原稿用紙半分の二百字くらいの発表となる。
私の指示は次の一点だけだ。

暗唱してきなさい。

始業式の朝、子どもたちを教室で待つ。発表者が登校したら、私の机の横に呼んで、私の前で一度言わせてみる。覚えていたらそれでOKだ。覚えていなければ、
「朝の間に暗記してしまいなさい」と言う。
朝掃除が終わって、子どもたちが教室に帰ってくる。始業式に行く直前、クラスのみんなの前で一度発表させてみる。目線や声量に問題があれば指導し、再度やらせる。これで終わりである。

4　始業式前の指導

朝掃除が終わって子どもたちが教室に集まってから始業式まで、約15分ある。
この時間は少しリラックスする。
「みんな、夏休みは楽しかった？」
楽しかったとか、どこか行ったとか、子どもたちもにぎやかになる。
「どこか遊びに行きましたか？兵庫県内のどこかに行った人？」
たくさん手を挙げる。
「念のため、淡路島も兵庫県だよ。日本海で泳いだ人も、竹野などは兵庫県だよ。」
と言うと、さらに何人か手を挙げる。

「じゃ、兵庫県の外に出た人。兵庫県外の日本のどこか。」

これもかなり多くの子が手を挙げる。

「じゃ、日本の外に出た人。」

冗談で手を挙げたやんちゃな男子が2名。海外に行った子はないようだ。

「じゃ、地球の外に出た人。」

爆笑となる。

「まさかね。それはいませんよね。」

教師の方を向かせてから、今度は少しまじめに言う。

「とても楽しかった夏休みだったと思います。でも、2学期はもっと楽しくなります。2学期の5年1組はもっと明るく、もっと楽しいクラスにします。そして、先生も一生懸命勉強して、みんなをもっとかしこくします。みんなもがんばってね。」

始業式まであと10分。トイレに行かせる。

トイレに行かなかった子を五人呼び、新しい教科書を取ってこさせる。

それから全員廊下に整列させる。並び終わるか終わらないかの時に出発する。3階から1階に降り、昇降口を出るあたりで止まり、列を整える。私語を止める。そのまま静かに体育館に入ってちょうど始業式開始5分前である。

5　クラス委員・当番活動決めと指示

委員長・副委員長を決定し、クラス当番の分担をする。

委員長・副委員長はもちろん立候補ジャンケン制。1学期に立候補してジャンケンに敗れた子がいるので、その子たちの中から決定した。新たな立候補者が出なかったため。

当番の種類は私が決める。まず1学期にあった当番を列挙する。その中から1学期間あまり働いていなかったと思えるものを削除する。そして、新たにつけ加えたい当番を書き足す。

次の18の仕事分担になった。

①電気　②集め　③ソート　④日付　⑤後黒板　⑥チョーク　⑦窓　⑧TV　⑨欠席　⑩宿題　⑪家庭科　⑫音楽　⑬習字　⑭掲示　⑮ゴミ箱　⑯おぼん　⑰配り　⑱献立

1学期にくらべて徐々に当番は増えていく。教師が指示しなくても子どもたちだけで仕事が回る部分を多くしていくためである。

これらを決定し、夏休みの宿題を種類別に集め、本日中に係りの先生に提出しなければならない図画などをチェックし、配布物を配って初日は終わり。

通学班児童会や避難訓練があり、学級指導の時間はほとんどとれなかった。

当番の掲示は、要するに当番名と、当番の氏名と、仕事内容を書いて、教室にはるだけだ。誰が何の当番か忘れるので、私が見るために掲示するのである。色画用紙をB5より少し小さい大きさに裁断しておいて、好きな色をとらせて書かせる。これも時間は5分ほどである。途中でも集める。後はまた違う隙間時間にさせるのだ。こういう作業は、ちょっとやらせておいて、途中でもさっさと集めてしまうのがコツなのである。

なぜかというと、後で授業などの終わりなどにちょっと余った隙間時間を使えるからだ。少しやりかけて途中にしている作業だから、次からは「この続きをやりなさい。できたら終わりです。」と言うだけで作業にかかれる。別に急ぐ作業ではないからこれでよいのである。

これを、ほとんどの当番が完成するまでだらだらやらせると、間延びするし、早くできた子の空白ができてしまう。

6　席替え

2日目の1時間目に席替えをし、当番ごとに簡単な掲示物を作らせた。さらに、夏休みの作品にラベルをつける作業などをさせる。夏休みの宿題の提出状況もチェックする。

まず席替え。これは簡単である。委員長と副委員長がネーム磁石を帽子にいれて、みんながくじ引きのように磁石をとっていくだけだ。男の子は委員長が、女の子は副委員長が担当する。磁石をとったらその磁石の名前の子の席へ移動する。移動したら新しい班ごとに班長を決める。決まったら班長は黒板に名前を書きにくる。磁石を黒板に返して終わり。ほぼ自動的にここまで進む。

その後、私が前に立って、簡単に机の形の移動をさせてみる。

「班の形にしなさい。」

「○○班、ほんの少し遅い。机は横向きにつけた方が速いのではないですか。180度回転しなくていいから、零点数秒速い。もう一度やってみます。」

「もとにもどしなさい。次は給食の形。レストラン形式です。」

「もとにもどしなさい。話し合いの形。」

「もとにもどしなさい。整頓しなさい。」

これだけ練習して1分ぐらいだ。

7　百人一首

2学期から百人一首を100枚でやり始めた。(1学期は、20枚ずつに分かれた五色百人一首を行っていた。)

かなりゆっくり読んでいるつもりだが、それでも10分くらいで読み終わったと思う。

初めて100枚でやったのだが、このスピードでAリーグの子たちは取り残した札が1枚だけだ。

Bリーグが10枚くらい。

Cリーグ以下は30枚とか40枚とかで、数えられない。多数取り残し、という感じである。

やはり百人一首はよい。

II　授業実践と学級経営

1　国語（漢字指導・視写・暗唱）

国語の授業をした。まず、2学期用の新しい漢字スキルを出させる。忘れてきている子が5名。立たせる。同じようにノートに書くように指示して座らせる。

指書きから練習が始まる。画数をちゃんと声に出して言わせる。1学期から指導してきたことだが、繰り返し指示して定着させる。練習をし始めて1分もたたないうちにストップをかける。

教科書を出しなさい。○○ページ。新しい「詩」のところです。
題名の横に○を10個書きなさい。まだ読みません。
今やっている漢字の練習が、三つまで終わった人から、この詩を声に出して読んでいなさい。
読んだら○を塗っておきなさい。
では、漢字の練習にもどりなさい。

漢字を三つ練習した子から、次々に音読を始める。

ほとんどの子が音読を始めた。あと3名残っている段階である。

◯を五つ以上塗れている人は前に来なさい。

前に来た子に、「うつしまるくん」の配布を手分けしてさせる。配布している間に他の子が追いついてくるから空白が少なくなる。

やめ。では、うつしまるくん（視写教材）の最初のところ、詩を書いていきます。

教科書の詩と同じところである。

子どもたちはスムーズに「うつしまるくん」に取り組みはじめる。「うつしまるくん」はとにかく説明がいらないから便利だ。私もいっしょに詩を黒板に書いていく。

私が半分くらい書いた時点で、次のように言う。

先生より速く書いている人は、速すぎます。もう少しゆっくりとていねいに書きなさい。

まだ、1～2行しか書いていない人は遅すぎます。もう少しスピードを上げなさい。

私が最後まで書き終わった段階で、もう一度言う。

今でちょうど半分くらい終わっている人がちょうどいい速さです。

もう、書き終わっている人は速すぎます。雑な字がないかもう一度見直して書き直しなさい。

5人近く書き終わった段階で、次の指示をする。

書き終わった人から起立。この詩を暗記できたと思ったら座りなさい。

うつしまるくんが終わった人から次々に立って覚え始める。

黒板が見えないように後ろを向いて覚えてもいいのですよ。

しばらく待ったが、覚えた感じの子もいたが、念のため繰り返し練習していて、まだ誰も座っていない。1名を除いて全員が立ったので、もう一度全員座らせる。

では、先生が指差すリズムにあわせて、黒板を見ながら読んでもらいます。

ここから先は、ご存知のとおり、黒板の文字を徐々に下の方から消していって、何度か読む。盛り上がる。

最後に各行1文字だけ残した状態で読み終わった時にチャイム。

2　読書指導（読書システム・調べ学習・教師の読書）

私のクラスの子どもたちは、ほとんどの子が読書好きだと思う。少なくとも嫌いな子は少ないと思える。ちょっとした隙間時間に「読書をしていなさい。」というと、すぐにシーンとなって読みはじめる。

学校で「読書週間」があった。統計をとったら、一週間で千ページ以上読んでいる子がたくさんいた。中には二千ページという子もいる。

もちろん「授業」とは直接には関連していないだろう。「読書習慣」というのは、単発の授業によって急に形成されるものではない。1年間を通しての継続的な指導で、少しずつ身につくような種類のものだ。

ただし、いつもいつも読書指導ばかりしているわけにはいかない。教師が指導しなくても、子どもたちが読書習慣を身につけていくようなシステムをつくりたい。

私のクラスでは、次のようなシステムになっている。

①毎日、読書する時間を確保している。

朝の読書を実践している学校は多いだろう。私の学校も朝の読書がある。5分間、一斉に本を読むだけである。それだけなのだが、重要なのは「毎日、時間を確保している」ことだ。1年間、毎日毎日、必ず時間を確保するのはけっこう難しい。私も数回は抜けてしまった。それでもほとんどは確保している。時間がない時は「3分間読書」のようにしてでも確保するようにしている。

②いつも手元に本がある。

子どもたちの机の中には、必ず本が1冊入っているようにしている。読んでいる途中の本でいい。図書室の本でもいいし、自分が家から持ってきた本でもいい。いつも手元に本があって、すぐに読むことができる環境があるわけだ。これをいちいち図書室に探しに行っていたらとても続かない。

③本は、原則として何でもいい。

親や教師からすれば、子どもにぜひ読ませたい本もあるだろう。しかし、強制しない方がいい。図書室の本であればなんでもいい。特に条件をつけたり、指定したりはしない。高学年が文字のほとんどない絵本を読んでいてもいいのである。図書室には手塚治虫の漫画などもたくさん置いてあるため、それを選ぶ子も多い。ただし、家から持ってきた本の場合だけは、教師の許可を得るようにさせている。

④朝の読書では、途中で本の交換にいかせない。

一斉に読書をしていると、「本を交換していいですか」という子が次々に出てくる。これは認めていない。認めると、その場の雰囲気がザワザワして集中を欠いたものになってしまう。それに、図書室に行ったやんちゃ君は、本の交換などしてこない。当然、他の遊びをしてくることになる。今読んでいる本がもうすぐ読み終わりそうな場合は、あらかじめ１冊余分に選んでおくように言えばよい。選んでなくても、たった５分程度なのだから同じ本をもう一度読むか、国語の教科書のお話を読むなどして待たせればいい。

もちろん、腕白な子もいて、始めから１冊も選んでない場合だってある。

その場合も、

選んでない人は国語の教科書を読んでいなさい。

と言えばよい。

続くようなら、

次も選んでなかったら先生が選んだ本を読んでもらいます。

と言えばよい。

以上のような基本システムがあって、授業で紹介した本が生きてくる。

社会科に関しての読書というのは、「知的な読み物」としてのものと、「調べ学習」での情報源としてのものとがある。

そのポイントは何と言っても、次の二点につきる。

①教師が様々な本を知っていること
②教室や図書室に、多くの本が揃っていること

社会科に関連した読み物を、その単元の授業で教師が紹介すればいい。十分な冊数があれば、子どもたちは読む。

調べ学習をさせる時に、教室に数多くの資料や事典、書籍があればいい。子どもたちはそれを検索する。

国語辞典や漢字辞典を教室にたくさん置いているのは当然だ。各種の社会科資料集、社会科事典も置いている。他に『大辞林』『岩波科学百科』『日本語大事典』や数学解法事典に英和辞典も、私の教室にはある。

さらに、次のようなシリーズものも置いている。

①『お金について考える』全四巻
②『総合学習』全十五巻
③『進化の歴史』全十巻
④『地図でみる日本の歴史』全八巻
⑤『知のビジュアル百科』全十五巻

教室にこれだけあれば、朝の読書でこれを手にとってみようと思う子も出てくる。調べ学習をさせている時に、「この本の○巻をみてごらんなさい。」と指示することもできる。その上、本格的な百科事典も二組置いている。（学研学習百科、日本百科大事典）

以上に述べてきたことは、教師が読書習慣を持っていることが前提である。教師が本を読まないのに、クラスの子どもが本を好きになるはずがない。

社会科に関連して、ということなら、社会科学はもちろん、歴史、地理、ビジネス書に時事問題、啓発書等、あらゆるジャンルの本に目を通す必要があるだろう。

小説の一節を社会科の授業に引用したこともある。

サークルのメンバーには、「『1日1冊』が最低ラインです。」と伝えている。つまり、月に30冊だ。

これには「教育雑誌」は含めない。教育の専門職なのだから、教育雑誌の10冊程度を定期購読しているのはあたりまえだからだ。

漫画やビジネス雑誌などは含めてかまわない。

漫画も大切な情報源だ。どうしようのないものもあるけれども、質の高いものもある。

私は、よく分からないが、たぶん単行本だけで月に50～60冊程度を購入し、おそらくその半分以上にはざっとでも目を通していると思う。

読んだ本の一部は自宅のサークルの時に先生方に紹介してコメントしている。11月のサークルでは17冊を紹介した。

サークルの仲間と比較する限り、私の読書量は多い方だと思える。

ところが、本を多く読む人というのはこのようなレベルではない。

向山洋一氏に会うと「○○という本、読んだ？」と尋ねられることがある。

私は氏の示した本を読んでいたことがほとんどなかった。氏は月に少なくとも100冊は読破していると思える。

このような話をすると、「そんなに読むのはとても無理だ」言われる方が多い。

読むのが無理なら「購入数」でもかまわない。「積ん読」も無駄ではない。本というのは、手もとに置いておくことに価値があるのだ。

若い教師であれば月に30冊の単行本を買うのは大変だろうが、少なくとも給料の5%や10%の割合は本に割くようでありたい。

教師という職業は、人に知識を伝える仕事である。これまでに何千年もかかって人類が到達してきた英知の一端を、わずか数年間で、教師の洗練された技量によって伝えていくことが、その仕事の中心である。

そのような知的な仕事を選んだ人は、当然、読書が日常の一部になっているべきである。

3　形式的な道徳授業との決別

正直に言うと、いわゆる道徳の授業を、私は、ほとんどまともにやったことがない。新卒の頃、先輩の先生方の道徳の授業を見せていただく機会があった。教育委員会指定などの、道徳の研究発表会にも参加した。しかし、どこか「うさん臭さ」があった。

第一、どのクラスの授業も、みんな同じ指導過程（段階）で進んでいた。どんな段階だったか、今となっては正確に覚えていない。ネットで検索すると、いわゆる道徳授業の指導過程として、次のような「段階」があるようだ。

①気づく
②とらえる
③深める
④見つめる
⑤あたためる

意味不明である。
あるいは、もう少し詳しく書かれているものだと、次のようなものある。

①自分を見つめる
②価値をつかむ
③自分を見つめ直す
④くらしに生かす

インターネットで検索して、このようにたくさん出てくるのだから、こうした道徳授業は現在でもたくさん行われていると推定できる。新卒当時の素人考えでも、資料によって様々な展開があってよさそうなものだと思った。
このような「段階」を意識しての道徳授業を、私は一度もやったことがない。そもそも、「自分を見つめ直す」というような大きなことが、1時間の中でできるとはとても思えない。いわゆる道徳の授業をまともにやったことがない、というのはそのような意味においてである。
新卒教師の目で見ても、いや新卒教師の目で見たからこそ、形式的でつまらないと思った。子どもたちが、教師の欲するきれいな言葉をさがして発言している。白々しい授業だとも思った。だから、宇佐美寛氏の『「道徳」授業批判』をはじめとする一連の著作に出会った時は、目を開かれる思いがした。

ついでながら書き加えると、子どもたちに購入させる市販の「道徳副読本」も好きになれなかった。お話の最後についている「発問」が嫌だったのである。

「この時○○はどう思ったでしょう。みんなで話し合ってみましょう」

などのように書かれていた。

まるで意味が分からなかったし、子どもたちに聞いても一般的でありきたりな答えしか出てこないと思った。

ただし、子どもたちは、副読本のお話自体は好きだった。いいお話もたくさん載っていた。

私は、載っているお話を次々に読み聞かせた。子どもたちはシーンとなって聞いている。一つのお話を読み終わると、「いいお話だね。」「面白かったね。」などと言って、すぐに次のお話に進んでしまった。一時間で四つか五つくらいのお話を読む。そして、全く何の発問もせずに「授業」を終えていたのである。子どもたちは、この読み聞かせだけの道徳の時間が大好きだった。

「先生、今日はどこまで読むの？」

「もう一つ読んで！」

毎時間こう言われた。当然ながら、副読本はすぐに読み終わってしまう。読み終わったら、「面白かったお話ベスト3」などを書かせ、学級通信に載せた。残った時間は、これも正直に言うと、百人一首や、クラスのイベント、TOSS道徳の追試などをすることが多かった。

4　形式的な帰りの会の排除

もう一つ白状すると、私は「帰りの会」をやったことがない。ただし、新卒から最初の1年くらいはやったかもしれない。それは、自分が小学生の頃、帰りの会をしていた記憶があったからだ。なんとなくやらなければならないものだと思っていたのである。しかし、つまらなかった。これまた形式的だった。新卒の頃に参加した法則化のセミナーで、「帰りの会」をやらない人がいることを聞き、目から鱗が落ちたのである。
　その後、向山洋一氏もやらないと聞いた。向山氏は著作中で次のように書いている。

「叱る」べきことをきちんと叱らないで、長々と「話し合い」をさせることは、馬鹿馬鹿しいことだと思っていた。「帰りの会」とやらの「反省ごっこ」は、実は人間をだめにすると思っていた。(『学校の失敗』扶桑社　209ページ)

　それ以来、私も「帰りの会」は一度もやっていない。それで困ったことは一度もない。私は困らないのだが、同じ学校の先輩の先生は困ったと思う。私は若い教師だったし、それほど学級経営がうまくいっているとも思えないのに、「帰りの会」をやらないのだ。やらないで子どもたちをさっさと帰らせてしまうのである。隣の先生にとっては迷惑である。
「谷先生のクラスだけ早く帰れていいな。」と思う子どもだって出てくる。
「谷先生は、なぜ帰りの会をやらないのだ。『1日の振り返り』をきちんとさせることが大切だ。」
と注意してくださった方もある。
　面と向かって言ってくださったことには感謝したが、それでもやらなかった。
『現代教育方法事典』の「朝の会・帰りの会」の項には、次のような解説もある。

「1日の反省」が同級生のささいなミスを非難する場となるなど、学級内の望ましくない人間関係を助長する可能性もはらんでいる。

この通りなのである。

悪いことは悪いと厳しく叱らなければならない局面も教室ではあるのだ。それを、教師がキチッと叱ることなしに、緊張感を欠いた子ども同士の「話し合い」ばかりをさせている。子どもたちの望ましくない人間関係を、よけい深みにはめてしまうことになるのである。

ただし、その事典には、同時に「『朝の会・帰りの会』が学級の生活共同体化に果たしうる役割は大きい。」とも書いている。特に中学校以上では教科担任制だから、クラス担任が連続してかかわれる「帰りの会（SHR）」は貴重であることも分かる。しかし、実態は中学、高校と進むにつれ、単に事務連絡で終わっている傾向があるとも言う。

要するに、いずれにしても意味のある機能はしていないわけだ。

ここでもついでながら書き加えると、「朝の会・帰りの会」については、指導要領上の位置づけは全くない。

昭和22年版の学習指導要領（試案）には、「朝の会」が「相談の時間」という名称で出てくる。「帰りの会」が出てくるのは昭和26年版の試案である。ただし、これも名称は「帰りの会」ではなく、「今日の仕事の反省」である。これ以後、つまり昭和33年に施行された「小学校学習指導要領」以後は、全く登場していない。

5　谷実践「穢れ」――子どもの作文が訴える

このように、とてもいいかげんな道徳の授業を私はしていた。帰りの会での1日の振り返りもやったことがなかった。それでは、こんないいかげんな私の、そのクラスの子どもたちには、特に道徳的な力が育っていなかったのだろうか。

クラスが荒れていたり、心の教育がなおざりになっていたりしたのだろうか。
私は、道徳の授業を全くしていなかったのではない。自分としては真剣に取り組んだいくつかの実践もある。
10年近く前。
身分差別の授業を終えた12月の半ば。
クラスの子どもたちが書いた作文が残っている。

ぼくは差別されたことを何回も何回も体験してきました。
しかし、6年生になったとたんに、いじめがなくなりました。
差別は、約5年間も続きました。いろんな所にとじこめられたり、けられたりしました。
ぼくは、いじめられている子を見つけると助けてあげる人間になりたいです。

これを読んだ当時、「約5年間も続きました。」の一文に私は涙した。
6年生になって、いじめがなくなったと言う。いじめがなくなったのは、「週1時間の道徳の授業」や「帰りの会」を通してではないことは、完全に明白である。
私はそれらをやっていなかったのであるし、また「6年生になったとたんに」と書かれているからだ。
このようなことを、この子は決して教師に話そうとはしなかった。この授業を終えて、感想を求めて、初めて書いてくれたことである。
この子にとって、6年間の小学校生活のうち、5年間が暗いイメージに覆われていたのである。ならば、小学校の教育とは何だろうと、私は思った。
小学校に入学してからの5年間、「週1時間の道徳の授業」や「帰りの会の反省ごっこ」では、この子を救うことは全くできなかったのである。まさに無力であったのである。

さらに、「いじめられている子を見つけると助けてあげる人間になりたい。」という文は、他の文と質が異なる。この２学期に集中して設定した単元である身分差別の授業の結果、書かれたものである可能性が高い。

もうひとりの作文も紹介する。

私も4、5年のころいじめにあっていたから、よくいじめられている人の気持ちが分かります。いじめられたら、学校にいきたくありません。いやな気がすごくするから。
「今日もいじめられるのかなあ。いつになったらいじめからぬけれるのかなあ。はやく来てよ、クラスがえ。」
そして、クラスがえにまた、いっしょのクラスになると、よけいに学校にいきたくありませんでした。
でも、6年になってもういじめはなくなりました。もう、いじめの時代に入らず、仲のよい所にいきたいです。
でも、他の学校にもいじめがあると聞いてびっくりしました。
1日でもはやく差別やいじめがなくなるよう、努力したいです。

この時の実践は、「穢れ」という概念を正面から扱ったものだった。今は詳細を書けないが、当時、管理職や同僚、サークルのメンバーの間で若干の波紋をよんだ実践であった。

6　教室における心の教育

さて、このように書くと、では道徳の授業などやらなくてもいいのか、と短絡に考えられても困るので念のため補足する。あるセミナーでＱ＆Ａのコーナーを持った時、概要、次のように質問する先生があった。

学校で、「道徳の副読本」(地方で作成している独自のもの)を使い、学校で決めている指導過程に沿って授業をしなければならないというのです。どうしたらいいでしょうか。やはり、言われた通りにしなければならないでしょうか。

私は、その場で次のように答えた。

当然、先輩の先生方がおっしゃる通りにやってみるべきです。謙虚に学ぶべきだと思います。

そして、次のことをつけ加えた。

①それでも疑問に思うのであれば、やってみた上で何が問題なのかを、自分で書き出してみること。
②それを批判したい、違った形での授業を展開してみたいと思うのであれば、「道徳の授業は一般的にどのような指導過程で行われており、日本の教育史の中で、どのように変化してきたのか。」といったことについて、自分でも少しは勉強してみる必要があること。
③宇佐美寛氏の『「道徳」授業をどうするか』など、一連の著作を少なくとも3冊程度は読むこと。
④コールバーグの理論とモラルジレンマはどのようにして登場してきたのか、荒木紀幸氏の本にも目を通すこと。
⑤そのようなことを通ってきた上で、それではTOSSの道徳では何が大切で、どのような授業が必要だと述べているのか、本やセミナーで

学んでみること。

これは、私自身が行ってきた作業でもある。
TOSS道徳では、五つに絞り込んだ「人間の生き方の原理・原則」を、「力のある資料」「力のある授業」「力のある語り」で、子どもたちに伝えていく。

少なくとも私のクラスでは、「道徳」や「帰りの会」よりも「百人一首」や「クラスのイベント」の方が教育力を持っていたと考えざるを得ない。そして、教室での心の教育にとっては、何よりも安定感のある毎時間の授業が大切である。
第一に、教師は、授業を通して「躾」をする。私は、ほとんど毎日「返事をしなさい」「椅子を入れなさい」と言っている。授業でノートなどを返すときに返事をさせるのだ。授業が終わって、子どもたちが移動する時に椅子を入れさせるのだ。これは森信三氏が提唱した「躾の三原則」の一部である。このようなことを、毎日毎日、きちんとさせ、しかもしつこい感じがなく、むしろ楽しくできるようにしていくのが、腕のある教師なのである。
第二に、教師は、授業を通して「威厳」を教える。「先生にはかなわない」という教師の権威を自然につくることは極めて重要だ。
分かりやすく、楽しい授業をする教師の言うことなら、自分たちのトラブルについても、多少はがまんして聞かなければいけない、と子どもたちも思うものだ。
第三に、教師は、授業を通して「謙虚に学ぶ」ことを教える。自分には想像もつかないような大きな力も世の中にはあるのだ。自分が一番などとは間違っても思ってはいけない。私は次のように言うこともある。
「神様がいるかどうか先生は分からないが、もしもいるとしたなら、今のあなたの発言を許すと思いますか。」

さらに、教師は、やはり授業を通して「相手のことを考える」「友だちに譲る」「お礼を言う」「素直にあやまる」などのことも教えるのである。

7　個性を伸ばすこと

個性を伸ばすことが大切だと言われる。しかし、「個性」という抽象的な言葉だけを使って論じても意味がない。

教えた子の中にも様々な個性がある。ある子は百人一首の大会で優勝した。水泳の大会で新記録を出した子もいる。長縄跳びに熱中して千回を跳んだ子たちもいれば、個人新聞を１年間出し続けた子もいる。こうしたことは教師が授業した結果として伸ばした「個性」とは違う感じがする。教師の指導というには偶然性が高すぎる。その子がもともと持っていた力を自分で伸ばしたのだ。学校の教育は意図的で計画的で組織的なものである。教師の仕事として論じる「個性」とは、ある限定されたものにならざるを得ない。

いくつかの例を挙げてみよう。

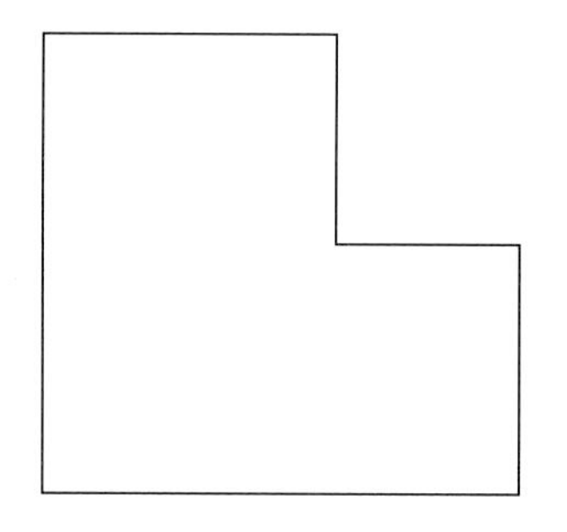

算数の時間に、上のような形の面積を求めさせる。（実際には各辺の長さが示されている。）

どのようなやり方でもかまいません。図や式を書いて、解き方を説明してごらんなさい。

このように指示すると、実に多様な解き方が出る。縦や横に切る、三つや四つに分ける、大きな四角から残りを引く、升目に区切って数える…。もちろん単に立式して解く子もいる。これらは子どもたちの「個性的な解き方」なのか。それとも違うのか。

別の例である。A君とB君は勉強が苦手である。特にA君は全く学習に参加しようとしない子だった。このふたりに、算数の時間、他の子が板書した答えを写すように指示した。

写すのもお勉強のうちです。一番悪いのは何にも書かないことです。

ふたりは答えをただ単に写す。クラス全員、どの子のノートにもきちんとすべての問題の答えが「画一的に」書かれることになる。これは「個性」を殺しているのか。

念のため補足すると、2学期になった頃、A君は「僕は算数が大好き」と言い、B君は「谷先生の算数は分かりやすい」と言った。繰り返すがこの子たちは、そのクラスで最も勉強が苦手な子であった。「向山型算数指導法」では「一定の教育内容」を「教室の全員」に「カリキュラムの時間内」で指導し、市販テストによる習得率が9割以上という報告が続出している。向山型算数では、教科書を教科書どおりに教える。いわゆる「個別指導」をしない。そして、できる子もできない子も含めて、子どもたちの多くは「算数が楽しい」「好きになった」という感想を書いている。

「画一的に同じことをさせられるから勉強が嫌いになり、学力も落ちた」という論理とは違う現象がここには存在する。

私たち現場の教師は、このようなミクロで具体的な授業場面を切り取って考えるのである。

「個性重視」は 1984 年の臨教審まで遡る。臨教審の提言は「個性化・多様化」「生涯学習」「時代の変化への対応」であろう。いずれも大切な提言ではあった。現在の「週五日制」「教育内容の三割削減」「総合的な学習の時間」等もこの流れの中にある。いわゆる「ゆとり教育」である。しかし、1992 年からの教育課程で実際に反映され始めると現場には混乱が生じた。

「個性化・多様化」は「追いつき型の画一教育」から「個性重視の教育」へ転換しようとした考え方である。「新しい学力観」とも言われた。関心・意欲・態度の評価が第一になり、全国の学校の通知表が改訂された。

関心・意欲・態度は、評定できない。評定できないものに ABC をつけるのだから、混乱して当然である。

それで数年後にどうなったかと言うと、IEA の調査で有名になった通りである。日本の子どもは数学も理科も「嫌い」であり学校外での勉強も少ない。学校での楽しい時間を調べた別の調査によると算数や国語の時間を楽しいと答えた子は 2 割しかいない。

子どもの意欲などと言うものに、仮に点をつけるのであれば、それは教師の主観でよい。その子に授業を通して最も長い時間接し、最も長い時間指導をしているのは担任の教師なのである。その教師の主観よりも正しく評定できる者は誰もいない。あるいは「毎時間、忘れずに教科書とノートを用意しました」のような項目を 10 くらい挙げて、学期の始めと終わりに自己評定させればよい。その教科に対する学習の態度として、どのようなことが大切なのかを子どもがメタ認知できる。

「支援」という言葉が入ってきたのも 1992 年の頃である。「支援」は現場に極めて悪い影響をもたらした。教師が黒板の前に立って強力な指導力を発揮する一斉授業が、まるで悪い教育であるかのようなイメージで語られた。研究授業を見に行くと、子どもたちは「お祭り」「発表の準備」「班活動」「○○ごっこ」などを延々と続けている。教師は子どもたちの間に埋もれてボソボソと個別に話をしている。いったい何をやっているのか。何が身についたのか。全く意味不明である。「学習指導案」が「学習支援案」になり「指導上の留意点」という言葉もだめだという。そんな形式的で無意味なことが今も続いているらしいのだ。

教室で授業する私にとって、子どもたちの個性を伸ばすとは、例えば次のようなことである。

(1) 課題を明確にする

例えば水泳を25メートル泳ぐ。割り算の筆算ができるようになる。クラスで合奏を完成する…。教室には様々な課題がある。抽象的な表現ではなく、それを明確で、極めて具体的なイメージとして、くっきりと子どもたちに示していくことが教師の仕事である。

(2) 基本の学び方を教える

どのような課題であっても達成するための道筋がある。何ができるようになればいいのか。そのためには何をすればいいのか。これは教師が一斉に教えるのである。個性的な表現とか、個性的な考え方というのはこうしたことを踏まえた上でのことだ。冒頭に示した算数の二つの例がこれにあたる。

(3) さらに挑戦していく方法を教える

そこからさらに高いレベルへ挑戦していくためのイメージを教師が持ち、子どもたちに伝えていけることが必要である。また、教師による「評定」がこの場面では必要だ。向山洋一氏の「阿波踊りの指導」における評定場面から学ぶことができる。

8　ネットモラルの指導

問題を具体的に考える７項目と、「取りあえずの歯止め」をかける指導

私のクラスでもチャットや掲示板をしている子がいる。女の子に多い。正確な人数も把握しているが、大まかに言えばクラスの３分の１の子がメールを使い、クラスの４分の１の子がネット上でのチャットを自宅のPCから経験している。教室で毎日接している私から見て、この子たちに問題はない。学習にも意欲的である。

ただ、保護者としては心配になるのも当然である。次のようなことだ。

①メールやチャットでひどい悪口を書かれ、子どもが気にしている。
②その結果、仲のよい友だちと急にけんかになった。
③知らない人から「死ね」のような類の言葉を書き込まれることもあり、とても心配だ。

保護者からは「学校でぜひ指導してほしい」との声が出ている。この問題への対応を具体的にしていくには、どうしたらよいか。

私は、次の７点を書き出した

(1) クラスの子の実態。

何人の子がメールやチャットをし、具体的にどんなやり取りをしているのか。(これについては、アンケートその他の方法で具体的に調査した。)

(2) 授業の内容

ネットのモラルをきちんと教える児童向けの授業が必要である。それはどのような授業がよいのか。「疑似体験」か。「被害報道」か。「アンケート結果」か。それとも、もっと別のものか。

（3）保護者の参観

児童向けの授業だけではだめだ。保護者参観等を利用して、親にも授業を見てもらう、あるいは親にも授業を受けてもらう必要がある。

（4）家庭での管理

チャットをしているのは、多くが自宅の個室である。学校のパソコン室からはアクセスできない。ならば、子どものネットアクセスを親がどのように理解し、どのように管理しているかが問題である。保護者会、個別懇談等で話をする必要がある。

（5）「知っている」どうしの問題

これまでのネチケットの授業とは違う面がある。つまり、「知らない人」どうしのモラルだけではなく、「顔を知っている」クラスメートどうしが、チャットや掲示板上で悪口を書き合ってしまう問題である。

（6）授業の安定

いずれにしても、教室での普段からの授業の安定、学級経営の安定がなによりも必要である。それが崩れていると特にこの種の授業は成立しない。

（7）学校のシステム

以上のような点をふまえ、近く校内で提案し、学校としての対応システムを明文化しておく必要がある。

このように書き出した7点はいずれも大きな作業であり、すぐにはクリアできない。だからと言って、先延ばしにして手をこまねいていると、いつまでも進まない。

まず、できるところから手をつけ、一定の進展をさせておくことが必要である。この場合は、「保護者からの不安の声」があるのだから、とりあえず何らかのアクションを起こさなければならない。

私は、2学期の始業式の日、次のような話を子どもたちにした。とりあえずの歯止めをかけるためである。準備したのは、クラスの子のところに届いた

「迷惑メール」のプリントアウトである。

①始業式で、校長先生が「メール」のお話をされました。
「メール」や「チャット」等は楽しく、いい面もあります。でも、悪い面もあります。テレビなどでニュースになっています。

始業式で校長がメールの話をしたことを受け、何気なく話を切り出した。

②一番問題なのは、そこに書き込んだだけで、自分の名前やアドレス、パスワードが盗まれてしまうことです。
このように、知らない人から、変なメールが届くのです。または、何か悪いことに使われてしまうのです。お金をだましとられたりする問題も起きています。

この部分は今回の話のメインではない。いわば次の話へのまくらである。

③もう一つは、「顔が見えない」ことです。だから、ふだんは仲のいいお友だちなのに、つい悪口を書きすぎてしまうという問題です。
面と向かってなら、そんなひどいことを言わないのに、顔が見えないから、つい書きすぎてしまいます。それで、大変な喧嘩になってしまう、という問題が、全国で起きているのです。

子どもたちは真剣に聞いていた。最後に、次のようにまとめる。

④みんなね、「メール」や「掲示板」や「チャット」をやっている人は、お家の人に見せていますよね？ホームページも全部見せていますよね？（間）

ざわざわ…として、顔を見合わせている。

⑤お家の人に見せないような、メール、掲示板などは、当然禁止です。見せたくないな、子どもだけで自由にやりたいなと思うかもしれませんが、それは駄目です。インターネットという、誰が見ているか分からない大きな世界の中で、自由に行動したいというのなら、たったひとりで責任がとれる社会人になるまでは駄目です。何か起きた時に責任がかかるのはみんなのお家の人だからです。
このことは、お家の人にも伝えます。学級通信や懇談会で、子どもさんのそれらを必ず見てくださいとお願いします。

むろん、これで全部見せるはずがない。保護者と連絡をとり、授業をし、問題が起きた時のシステムを作り、長いスパンで考えていく必要がある。

9　交換日記の指導

子どもたちの中には「交換日記」をしたい子がいる。高学年だから、よくあることだ。しかし、高学年を持たれた方なら、よくご存知のことだが、子どもたちの「交換日記」は学級内のトラブルのタネになることも多い。

交換日記をするのはほとんど女子である。若い頃の私は、交換日記を含め、女子のこうした「秘密」をいわば野放しにしていた。教室は荒れた。

現在の私は、若干の指導をする。98％野放しなのだが、2％ぐらい「ちょっと」指導をする。みなさんは、「交換日記」について、何か指導をされるだろうか。

①きちんと指導する。
②問題が起きたら指導する。
③指導しない。

今年は、ひとりの女の子が「先生、交換日記をしてもいいですか」と言いに来た。（その子の場合は「谷先生と交換日記をしたい」というのだ。この申し出は私も初めてのことだった。もちろん「いいよ。」と答えた。）このような機会をとらえて、全体にも指導する。このような機会がなくても、学年の当初、4月か5月ころには同じようなことを毎年言っている。

全員を座らせて、次のように言った。

みなさんの中には、お友だちと交換日記をしている人がいるかもしれませんね。これから交換日記をしたいなと思っている人もいるかもしれません。でも、残念ですが、大変申し訳ないのですが、谷先生のクラスでは、交換日記は禁止です。

教室がざわっとなる。特に女子が顔を見合わせている。続けて言う。

交換日記は、他人に見せない、その人たちだけの秘密のノートです。お家でそのような交換日記をして楽しむのは、先生は禁止できませんが、学校では、教室では、そのような秘密はよくありません。

シーンとなる。

さらに続ける。

ですから、学校に持ってくるノートは、先生は全部、1冊のこらず見せてもらいます。もし、お友だちと交換日記をするノートを教室に持ってきていたら、それも全部先生は見せてもらいます。

ここで尋ねる。

先生に見せることができないような、何かとても悪いことをノートに書いている人はいますか？いたら手を挙げてください。

もちろん、誰も手を挙げない。

そうですよね。そんな人はいないと思います。

さらに続ける。

でも、先生に見せてもいいと言うのなら、日記を書いてもいいのですよ。どんなノートでもかまいません。先生にお返事を書いてほしい人は、出してくれればその日のうちに返事を書いて返します。

これで、現在、ふたりの子が私に日記を出している。また、三人の子が谷先生を含めた四人で交換日記をしている。

ところで、これで終わるのではない。

「詰め」がある。

ある日突然、机の中の整頓を命じた時などに、ふと、つけたすように言う。

勉強に使う以外のノートを持ってきている人、全部先生のところに持ってきなさい。

自由帳も、日記帳も、全部である。

念を押す。

これで全部ですか？ 後で見つけたら大変ですよ。ランドセルの中に残っていませんか？ 念のため確かめてきなさい。

本日、このようにして、子どもたちのノートを全部集めた。(その次の時間にすぐに返却した。)

先生に見せられないような悪いことをかいている人はひとりもいなかったよ。みんなかしこいなあ。

にこにこして、返却した。楽しい絵を描いている子のノートなどは「上手だねえ、おもしろいねえ」と言ってほめた。これで雰囲気も悪くならない。

10　会社制度で係活動

係り活動をどうするかは、若い先生が悩むところだ。TOSSデーのQAコーナーでもよく質問が出るテーマである。

私のクラスは、「会社制度」になっている。

始める時に次のように言う。

①　会社は何人で作ってもよい。
②　会社はいくつ作ってもよい。
③　会社はいつ作ってもよい。
④　会社はいつ倒産してもよい。
⑤　ただし、いずれの場合も全員の前で宣言しなければならない。

これを、わくわくするように上手に言わなければならない。目標場面を明確にイメージできるようにするのが教師の腕なのだ。これまで実に様々な会社が誕生してきた。十年前に担任したクラスでは、同時に24社が乱立していた。

最近面白かったのは、「漫才」を見せる会社である。この会社にはメインの「芸人さん」がふたり。別に「マネージャー」「司会者」「広報」などの担当者もいた。お昼休みに「漫才寄席」を開催する。ポスターやチラシを作り、会場を設営する。司会者が芸人さんを紹介すると、ふたりが「どうもどうもーっ」と出てきて漫才をするわけである。

私の査定の基準は当然「集客数」である。始めはクラスの子どもたち数名が観客だった。やがて他の学年にまで波及し、数十名が昼休みの教室に集まる大盛況となった。学校の公開研究会の時にも、子どもからの申し出があってゲリラ的に公演した。たくさんのTOSSの先生方がこの漫才をライブでご覧になった。漫才も巧かったが、何よりもその生き生きとした活動ぶりに、先生方は驚きの感想を寄せられていた。

子どもたちの係り活動をどのように活性化するか、というようなことで悩んだら、必ず向山氏の原典に戻るといい。

そう。まずは『子どもを動かす法則』である。子どもたちの係りを活性化させたいのであれば、次の三原則を学び、使いこなせるようにしなければならない。①やることを示せ。②やり方を決めろ。③最後までやり通せ。この三原則のそれぞれに、さらに三つの技能がある。

そのうち、第三原則の三つの技能のその①は「時々進行状態を確かめる」である。これを知っただけで、活動は全く違ってくる。

私が「進行状態を確かめる」場面を桑原和彦氏が参観されていた。そのレポートである。

各会社の代表者、起立。
○○係　○号です。はい。
○○係　○号です。はい。
(以下続く)

通常なら、この報告の後、何かコメントや指導をし、活動が停滞している係へ喝を入れたりしがちである。谷氏は、どうしたか…。驚くことに、何もコメントしないのだ。子どもたちのコメントに「ハイ。」と応えるだけなのだ。全部の係を発表させてから、続けて、このように言った。

今から、7分間ぐらいあります。打ち合わせなど作業の続きをしなさい。

指示をしたのみである。ということは、指導はしていないのか。いや、していた。各係に報告をさせること、その行為＝指導なのである。（中略）その後、時間を7分間あたえることで、子どもたちは報告から感じたことを、すぐ行動に実行できるのである。

Ⅲ　学級経営―片々の技術

1　連絡事項の伝達

4校時は水泳であった。3校時は音楽で専科の先生である。この場合どうするかというと、2校時が終わる時に「給食の用意」をさせてしまうのである。

机を給食の形にし、おぼんとナプキン・箸箱などもすべて用意させ、給食当番の当番着を机の上に置かせる。さらに、4校時は水泳なのだから、水着の袋も机の横に置かせておく。そこまでの用意ができた人から休み時間にするのである。

こうしておくと、子どもたちが音楽から帰ってくると自動的に水着を持ってプールに移動し、プールから帰ってくると自動的に給食の用意が始まることになる。大変スムーズである。

給食の時間までには、私は黒板に明日の連絡を書き終わっている。

給食当番以外の子どもたちは、当番が配食をしている間に連絡帳を書いてしまう。（給食当番の子は、給食を食べ終わってから連絡帳を書く。）今は短縮期間中だから、帰る用意もしてしまう。（5校時までの時でも、このように、それまでの時間割を片づけてしまうようにする。）ランドセルに全部入れて、またランドセルをロッカーにもどしたら終わりである。配布物なども、ほとんどこの間に配り終わる。

2　運動会演技係の指示

運動会の演技係の指導。向山先生の有名な指導はご存知だろうか。

私も演技係を担当した。楽しい仕事だ。割り当てられた5・6年生の人数は14名。少人数の学校で、高学年の先生方がやりくりして人数を回してくださるのだから、人数や男女比にわがままは言えない。与えられた条件でやる。しかし、14人もいるなら十分すぎる。

向山先生は確か1コースに担当児童を2名つけて交代させたと記憶している。私の学校は小さい学校で、徒競走と言ってもそんなにたくさんの組が走るわけではない。スターターのテンポもややゆっくりなので、担当児童を1名とした。少し忙しいくらいのほうがいい。

正確に言うと「コース」に担当をつけるのではなく、「順位」に担当をつける。1位係から6位係まで6名を割り当てた。着順判定は教師の私が行う。私が順位を判定するのを横で見ていて、その順位の子を等旗のところへ連れていく係である。ポイントは「いつも座れ」「最後まで目を離すな」の2点である。一度だけ練習のときに演技係の子を連れてリハーサルをした。その時にミスをする子を見つけて指摘し、きつく注意する。

あれほど最後まで目を離すなと言ったでしょう。得点にかかわるのですよ。あなたが間違えると、その色の得点が減るのです。責任重大です。

このように言う。

さて、徒競走以外の競技でも役割を決める。基本的には「その道のプロ」を作るほうがよい。私は、いわゆるクラスの“やんちゃ”な男の子を「ピストルと紙雷管」の係にした。ついでにその子には「バトン渡し」の係もさせた。ピストルに玉をこめて、指揮の教師に渡す役である。また、リレーのときに、各コースでスタートラインについた第一走者にバトンを渡す係である。そして、次のように言う。

君がピストルを渡さなかったら、どの競技も始まらない。一番大事といってもよいほどの仕事だ。君がバトンを渡さなかったら、リレーはスタートできない。つまり、運動会のプログラム進行はあなたひとりにかかっていると言っていい。

したたかなようだが、私は別の計算もしている。万一彼が仕事を忘れても、ピストルも、バトンも指揮台のすぐ近くでする仕事だ。そこにはほとんど私がいるので、私が代わりに対処できる。仕事も私の目の届く範囲でできる率が高い。

結果、どうだったかというと、その男の子は仕事を忘れなかった。自分が演技に出場する場合でもピストルに玉をこめ、指揮者に渡してから、駆け足で演技に加わっていった。後で「よくやったな。仕事はどうだった。」と聞くと、本人は「一度、失敗した。」と言っていた。いつ失敗したのか、私にも分からなかった。すばらしい動きであった。

さて、本校の演技係は、他に「ハチマキ」「ゼッケン」「玉入れの補助」「綱引きの補助」など様々な仕事をする。私はそれを一覧表にした。プログラムを縦軸、仕事を横軸にする。演技係の仕事が必要ないところは網かけで消す。必要なところは児童の名前を書き込むようにする。こうすると、演技係の仕事が思っていたより少ない気がしてくるので、私も子どもも気が楽になる。全校練習で徒競走・綱引きなどをした日に、演技係も動かした。最後に一度だけ集めて「仕事チェック」をした。「○○を忘れていた人がいます。」のように言う。たった一度のチェックで本番の動きが違ってくる。

ところで、違う話題だが、全校でラジオ体操をした。ラジオ体操そのもの練習は一度だけである。向山先生もおっしゃっているが、「指先をきちんと伸ばそう」などといくら言っても変わらない。一度しか練習がないのだから、細かなことを言ってもはじまらない。向山先生もおっしゃるように、そのときはほめて、ほめて、おおざっぱでいい。楽しくやるのが大事だ。

ただ、私は低学年の前に立って、時おり指示をした。

「空からぶらさがるようにしなさい。」

「空を見て。」

「腕をピンとして。」

「指先を目で追いかけなさい。」

などのように、ひとつの運動でひとつだけ指示した。

本校の運動会は、昨年より比べて練習時間を10時間削減した。予行演習ももちろん行わない。それでもキビキビとしてさわやかな、よい運動会になった。

3　クラス全員遊び

毎日の授業。一言で言って、「楽しい」子どもたちとの生活が楽しいのだ。毎朝教室へ行くのが楽しみである。「可愛い」を越えて、もうすでに「いとおしい」とさえ思える。ひとりでに私の顔がにこにこして、全然怒ったり怒鳴ったりしない。叱ることはある。叱ることはあるのだが、全部許せる感じになっていて、あまり引き締まった雰囲気にならない。…年をとったのだろうか。

5年生の担任の時のことである。5月7日から自然学校だった。5月7日というのは、ゴールデンウィーク明けの次の日である。信じられない日程だ。今日、現地（うわの高原）へ下見に行って来たが、当然、今年度この施設を使うのは本校が一番早い。なんとかなると思っていたが、準備は思っていた以上に大変だ。

結局、自然学校の準備を事前にすることはやめた。最低限の班分けなどをして終わりにする。後は行ってから考える。そう考えると、これが本当は自然学校の理想的な実施法かなと思えてきた。だから、プログラムは予算をとらねばならないもの以外は行ってみるまで曖昧なままである。

この時期に自然学校があると、なかなか落ち着いて授業の準備に取り組めないが、それでも少しずつ進めている。向山先生の実践にある「昼と夜」の問題や、漢字の問題はもちろんやった。たいへんな盛り上がりだ。黄金の三日間も終わり、クラスの組織も軌道に乗り始めている。

しかし、問題は私の体力である。2年間の大学院生活の間、全くと言っていいほど体を動かしていない。現場にもどればなんとかなるかなと思っていたが甘かった。とにかく、体がつらい。遠足で播磨中央公園まで行って帰ってきたら、もう話す気力もない。

それよりも決定的に苦しいのは「水曜日の全員遊び」である。本校の業間休みは30分ある。水曜日の業間は、校長の方針として全担任が子どもといっしょに遊ぶのだ。もちろんすばらしい方針で、私も大賛成である。問題は私の体力だ。

1学期の全員遊びで、私が子どもに「何をして遊ぶか」を相談することはない。私が決めて、私が仕切る。ルールも私が決める。次々にエキサイティングな遊びをする。子どもたちに任せるのはもっと後だ。今年はこれまでに「チョキの女王」と「警泥」と「陣取り」をやった。

どれも運動量のある楽しい遊びだが、終わったあと、めまいがする。反吐を吐きそうになる。しゃべる気力もないほどになって、ぐったりする。それでもチャイムがなるから「すぐに授業に突入」しなければならない。校長は「教師も同じように動く必要はない」と言う。もちろんそれは分かっている。しかし。

私が動くからゲームが盛り上がるのだ。これは決定的なのである。…体力をつけねば。

第2章

教師の仕事術

Ⅰ　向山洋一氏から学ぶ

1　即断・即決

向山先生の仕事術は「即断・即決」である。その場であっという間に処理をしていく。

先般、TOSS関連のことで谷宛に苦情メールが届いた。次の事務局会議でそのプリントアウトを向山先生にお見せした。向山先生は一読されると、その場でその紙に次々に何かを書き込まれている。数分（たぶん1分くらい）で書き終えると、「これをFAXしといて」と指示され、それで完了である。紙面には「複数箇所への指示」が「1枚のFAXで済む」ように、端的な指示で書かれていた。向山先生がその場でこのように指示与えたり原稿を書かれたりする場面を私は何度も拝見している。魔法のようである。

向山先生は、雑誌などを読まれていて「これは」と思う記事があると、ビリビリと破いてしまわれるという。これは竹村健一氏も同じことをされている。私も同じようにしている。しかし、そこから先が違うのだ。私はせっかく破いた記事を、かばんのどこかに入れたりするうちに、紛失してしまう。それで次はきちんとしようと思って「ファイル」する。すると、こんどは何をどこにファイルしたか分からなくなってしまうのである。ひどいときにはファイルしたことすら忘れてしまい、いったい何のために破いたのか分からないということさえある。何年もたってから出てきて自分でも苦笑することがある。向山先生はそういうものをファイルしない。部屋のきまったところに「きちんと重ねて」いるのだ。「すぐに使えるようになっている」と書かれていた。

「仕事術」は重要である。仕事の無駄な部分は、長い教師生活で見れば膨大な量となる。当然授業の実力にも直接つながる。「仕事術」系の書籍の数冊を読むことなどは当然である。しかし仕事術の上達に最もよいのは向山先生のような達人の仕事術を、そばでじかに見ることである。

向山先生のような達人中の達人になると、その近くにいるだけで、自分にもオーラがうつる。これはマジメな本当の話だ。同じ場にいるだけで達人の「気」がうつるのである。書籍の学びより「出会いの学び」がその数百倍も大きいのである。人間は文字や理屈だけで学ぶのではなく、その全体の雰囲気をトータルに学ぶからである。

ついでに紹介すると「授業の力量は教師の移動した距離に比例する」と述べられたのは伴一孝先生だそうだ。かつての幕末の志士も移動距離の大きい人物が後の世に影響を大きく与えた。自らの身銭を切って人を求め、全国を移動して歩く人間の力量が上がるのは当然である。

私も、少しずつではあるが、仕事の仕方は変わってきた。学校の仕事（授業の準備・採点・ノートの赤ペン・会議の提案文書・事務処理・その他）は、おそらくその99％は勤務時間内に終了する。2年生であればテストはその時間内に終了して採点、要覧への記録、テスト直しまで終わる（5年生の時はテスト直しだけは次の時間になったが）。宿題のノートは朝のうちに見終わって朝の会が終了したらもう返却している。出席簿は毎朝数秒で書きこみ、月末には統計以外すべて終わっている（でもけっこうミスしているけど）。もちろん研究授業などがあって、特別な場合はある。しかし通常は残さない。

出張で福岡に行った。いわゆる「内地留学」という制度である。予算が出ているので「報告文書」を書かねばならない。私は、出張の研究会の「会場を出る時」にはB4で３枚の内地留学報告文書を書き終えていた。あとはプリントアウトして資料をつければよいだけになっていた。次の日に学校で提出した。

家に帰ったら雑誌論文、メールの処理、関西事務局関連の仕事などをする。こちらはそう簡単に終わらないのだが。

２　優れた時間感覚

仕事のできる教師は、「例外なく」優れた時間感覚を持っている。二手先、三手先を読みながら仕事を組み立てるプロ教師の時間感覚とはどのようなものか。

逆に仕事のできない教師は、例外なく時間にルーズである。断言してもいいが、例外はない。

顕著に判定できる簡単なチェック項目を挙げてみよう。

第一に、授業時間の開始である。チャイムが鳴ったとたんに職員室の椅子を立って、教室に向かうのが仕事のできる教師である。仕事のできない教師は、チャイムが鳴っているのに、お茶を飲んでいる。

第二に、授業時間の終了である。これもチャイムがなった瞬間に授業を終えるのがプロの教師である。私が中学２年の時、国語を教えてくださったのは、その中学の教頭先生であった。荒れた中学生活を送っていたのだが、その国語の授業だけは、毎時間楽しみにしていた。なぜなら、毎時間、まさに「例外なく」時間通りに授業が終わったからである。チャイムが鳴ってから終わるのではない。教頭先生が「終わります」と言った次の瞬間にチャイムが鳴り始めるのである。それが、毎時間、毎時間、必ずなのである。子供心にも「すごい」と思った。

第三に、会議の時間である。仕事のできる教師が司会をすると、会議は時間通りに終わる。仕事のできない教師が司会をすると、一度言ったことを「復唱」する。文書提案がない。口頭での「お尋ね」が続く。議題が終わっているのに「他に何かありませんか」と聞く。時間だけがダラダラと過ぎる。

サークル等の勉強会を持っていて、どうしても5時に退勤したいとする。そのような場合、逆算して朝から自分の行動を組み立てるのである。5時に終了しようと思えば、すべての業務が4時半に終了しているように設計しなければならない。なぜなら、必ず「突発的な事態」が発生するからだ。子どものことであれば最優先だが、つまらない「突発的な事態」で予定が狂うのでは困る。したがって、必ず30分の余裕をみるのである。

4時半に終了するというのは、次の日に仕事を先送りするということではない。テストの採点も、提出書類も、その日の仕事をすべて終えた上で4時半に終了するのだ。そのためには、二手も三手も、場合によってはもっと先を読んで仕事の組み立てを考える必要がある。

例を挙げよう。

校内の書き初め大会の日のことである。大会は4時間目だ。本校では、6年生が1年生とペアになって書き初めを教えることになっている。そこで、3時間目の後半から、次のようなことを私は考える。

①4時間目の後は給食だから、先に給食の準備をさせておこう。
②どの1年生とペアになるのか忘れている筈だ。確認させよう。
③新聞紙や習字道具も忘れている子がいるに違いない。
④5分前に1年生の教室に迎えに行かせよう。
⑤その時に1年生をトイレに行かせよう。
⑥ということは、あらかじめ6年生をトイレに行かせなければならない。
⑦ということは、少なくとも20分前に行動開始だな。

こういうことを「一瞬で」考える。筋道立てて考えるのではなく、全部をバババッと思いつくような感じである。

子どもたちに「書き初め大会の手順」を描写的に語る。

次のことを強調する。

①１年生を迎えに行ったら、まずトイレに行かせなさい。

②１年生に先に書かせるんだよ。

③練習はさせません。いきなり本番です。清書３枚を一気に書かせます。

④折り目をつけてやる、手をもってやる、うすく指で書いてやる等、１年生が上手に書けるように、最大限の努力をしなさい。１年生が失敗したら６年生の責任です。

⑤１年生の後で６年生が書きます。先生の指示を待たずに、どんどん書き始めなさい。

それから後は一時に一事で流れていく。

「忘れ物をした人、立ちなさい。」

「給食の用意をしなさい。」

「ペアの１年生が分からない人立ちなさい。」

「トイレに行ってらっしゃい。」

「１年生を迎えにいきます。」

書き初めが始まると、ほとんど私が指示することなく、どんどん進んでいくことになる。

何人かが終了した時点で、速く終わった子に掲示用の仮巻の準備を指示する。

終了５分前にほぼ全員書き終わった。

いったん教室に上がって給食当番の行動を確認する。思ったとおり、何人かは準備していないので、「準備しなさい。」と指示する。

体育館にもどって、後片づけの確認をする。きちんとできている。

また教室に上がる。給食当番が準備をしている間に、当番以外の子に指示して、作品の掲示をすべて完了してしまう。

「いただきます」をしてから、念のため掲示された作品を見に行くと、思ったとおり四人分が歪んではりつけてあったので、それをその場で修正。

以上で、その日のうちにほとんどすべてが終了する。

3　日々の継続

私は、これまでにたった一度だけ、1年生を担任した。教師になってちょうど10年目の時だった。授業もへたくそだった。34名のやんちゃな1年生たちを前にして、授業中何度も、為す術をなくして立ちすくんだ。でも、一つだけ心がけていたことがある。「朝早く出勤する」ということだ。

向山洋一氏の「一年生の学級経営」の書籍の中に「四日目の失敗」というエピソードがある。遅れて教室に入っていくと、女の子が「さみしい」と言って泣いていたという話だ。これを読んでいたので、朝はできるだけ早く出勤して、教室で子どもたちを迎えてやろうと思った。入学式や、2日目などはあたりまえだが、その後もかなりの間続けた。2学期から3学期になっても、私はほとんどの日に子どもより早く教室に行った。

向山氏の「四日目の失敗」から学んではじめた「早朝出勤」と、毎日続けていた「朝の掃除」。些細なことだが、同僚、子どもたち、保護者の三者に支持された。

その頃、私より早く学校に来ていた職員は、教頭先生と用務員さんだけだった。教頭先生は、毎朝菊の世話をされていた。私が職員室から教室へ行く時、校舎をわたる通路を通ると、その横で菊の世話をされていて、毎朝あいさつをした。時には世間話のような感じで立ち止まって、教頭先生と話をする。そうこうしているうちに、最初の子どもが登校してくる。

「おはよう。」

「先生おはよう。」

私に手をふり、あいさつをして、教室へ入っていく。

子どもたちの中には、私の顔を見るなり、一目散に駆け寄ってくる子もいる。昨日のできごとや、朝来る途中で見たものなどを勇んで話してくれたりするのだ。私もそれに相槌をうったり、話を聞いて大笑いしたりする。

それは、朝の何気ない風景だった。

しかし、教頭先生は、その私と子どもとの毎朝のやりとりを、いつも「なごんで」聞いておられたらしい。

後日、教頭先生と酒席で隣に座るたびに、そのことを話していただいた。

「谷君は、授業はぼちぼちやけど、あれにはわしは感動した。」

とおっしゃった。

「教育の原点をみた思いがする。」

「今の教育に最も欠けている、大切な物が、そこにはあったように思う。」

とまで言っていただいた。

私としては、意識して会話していたわけではないので、そうまで言っていただくとかえって気恥ずかしい感じがした。

ところが、次の年、6年生を担任している時に、保護者の方から、この早朝出勤についてのお話をいただいた。6年生の子どもが、家で言うらしいのである。

「朝、学校に行ったら、いつも先生が掃除をしているんだよ。」

その時は、

「まあ、きれい好きな先生ね。」

と言っておしまいになったらしいのだが、よく考えたら、去年、下の子が1年生を担任してもらっている時も、子どもがそんなことを言っていたと、ふと思い出されたという。

それで、PTAの会合の時に、

「先生も大変ですね。」

という話からはじまって、

「朝早くから先生がいてくださるので感謝しています。」
というお話をされたのである。

その頃の私は早朝出勤が癖になっていた。朝早く行ったら、ほとんどの日は掃除をしていた。

まず、子どもたちが使うトイレから掃除する。隅から隅まできれいにしてから、次に手洗い場と廊下を掃除する。それから教室の床を掃く。雑巾に持ち替えて棚などを拭き始めた頃に、子どもたちが登校してくるのである。

1年生を担任していた時も、基本的には同じだった。

1年生の子どもたちにとっては、毎日毎日、自分が登校するといつも教室に先生がいるので安心感をもつ。

6年生の子どもたちにとっては、毎日毎日、自分が登校するといつも教室で先生が拭き掃除をしている。

時々ならともかく、これがほとんど1日も欠かさず毎日だ。

6年生でも、ほんのちょっぴりだけど、先生に対して尊敬感のようなものを持つのかもしれない。

その頃に担任した子どもたちの中にも、「やんちゃ坊主」がけっこういて、ずいぶん勉強させられた。

でも、今考えてみれば、未熟だった私が、なんとか1年間クラスを統率できたのは、このようなことも間接的に影響していたのかもしれないと思うのである。

当時の保護者の方からは、子どもを担任している時にたくさんの手紙をいただいた。

また、この時の1年生と6年生の中には、今でも手紙や電話をくれたり、学校を訪れたりしてくれる子もいる。

「朝早く行く」「教師が掃除をする」といったことは、教師修行としては、それほど効果が大きいとは思えないし、現在では、私もやっていない。同じだけの時間を使って努力をするのであれば、「毎日の授業のテープ起こしをする」

といった修行の方がよいだろう。

ただ、このようなことが、子どもたちや保護者の信頼を得、時には大きな力になることもあるのだと思う。

4　調査報告の仕方

今からおよそ10年前。

私が勤務していた学校で、1年間に提案された文書は、B4で総計513枚であった。私は、そのすべてをファイルしていた。分野別に分けて整理していたのである。今回、その513枚のすべてを見直してみた。「教育計画」「教育課程」だけで20枚以上の提案がある。その中には指導上、困難が認められる児童に関する記述はない。「研究」に関する提案は44枚ある。その中にも学力的に低位の子についての記述はない。「生徒指導」のところにも、「各教科」のところにも、「評価」のところにも、ない。

私はすべての文書をファイルしていた。

したがって、そのことに関する提案文書や会議のレジュメは、存在しなかったのだと言わざるを得ない。もしかしたら、その年には私がたまたま「適正就学指導委員会」に出席していなかったのかもしれない。しかし、それなら出席者以外の職員に情報が伝達されていないことが、さらに問題である。

「生徒指導上、気になる子」を口頭で報告しあったことが、私の記憶の中には確かにある。しかし、記録がないから漠然としている。文書そのものが存在しないのだから、「どこが不備なのか」を分析する以前の問題である。

校内の委員会で、各クラスから「気になる子ども」数名の事例を報告する。これはよくあることである。

通常は、学年順に口頭で行われる。

報告されるのは「どのような問題行動をしているのか」という現象面のことが多い。

毎日、立ち歩く。友だちに水をかけた。教室から脱走した。石を投げて友だちに怪我をさせた…。

　このような「教室で教師が困っていること」が、愚痴に近い状態で報告された後、会議はシーンとなり、皆で途方に暮れる。

　私は、例えば次のような報告をする。

①指導上、困難が認められる児童の人数。
②漢字、計算、音読、視写等の力はどの程度か数値を挙げる。
③交友関係。休み時間にひとりぼっちになりがちな子は何名か。
④生育歴に際立った問題はなかったか。

　当然、報告にはその根拠を述べる。

　しかし、私のこの報告でも、まだ曖昧である。もっと正確な把握が必要である。

　これらの調査で参考になるのは、向山洋一氏の学級経営案である。「教師修行十年」（明治図書）の178ページに「児童の環境の実態と分析」がある。

「健康」の項には、例えば「朝食がたまにぬける者　２名」とある。テレビの視聴時間では２時間見ている者が１名とある。

　他の引用は割愛するが、校内研修で報告するのであれば、氏がこの経営案で示したような項目の調査が当然求められる。

　それに加えてまとめると、少なくとも次のようなチェックポイントが必要だろう。

①朝食は毎日食べてくるか。食べるとしたらメニューは何か。
②夜は何時に寝ているか。
③テレビの視聴時間は毎日どれくらいか。
④出産の時の状況はどうだったか。
⑤幼少時に高熱が続くような病気をしなかったか。
⑥離婚・経済的困窮その他の家庭的に深刻な問題はなかったか。
⑦災害や大きなトラブル、虐待など深刻なショックを受けるような体験はなかったか。

①の朝食は、私も調べた。朝からカップラーメンを食べてくる子がいる。あるいは、「たまご」と言うから玉子焼きがご飯のおかずなのかと思うと、「たまご一個」だけ、他は何も食べていない、というのもあった。

③のテレビの視聴時間は子どもに聞いても正確なことは分からない。私は向山氏に教えていただいた方法で調べている。

まず、昨日の朝刊のテレビ欄を増し刷りして子どもたちに配布する。そして、「昨日見た番組に色を塗りなさい」と言うのだ。

驚くべきことが分かる。同じ時間帯の複数の番組に色を塗る子がいるのだ。原因は二つある。リモコンをパチパチやって交互に見ている場合と、ビデオに撮って両方見た場合である。

この朝刊のテレビ欄での調査を1週間続ける。そうすれば、子どもたちのテレビ視聴状況は把握できる。

このデータの一部を保護者懇談会で紹介したこともある。保護者は驚愕していた。

④〜⑦のようなことは、調査しにくい。

保護者に面談する必要がある。しかし、多くの保護者にそれとなくお話していただくことは困難である。

これも、向山氏に教えていただいた方法がある。家庭訪問の機会を利用して「幼い頃の写真やアルバム」を用意していただくのである。

学級通信などでお願いすれば多くの保護者は用意してくださる。可愛らしいスナップを微笑ましく見せていただくだけでも、クラスの子の育った様子が分かり有意義だ。そして、見せていただきながら「ご家族に囲まれてすくすくと成長されたのですね。小さい頃に何か大きな病気をされたことや、特にご心配だったようなことはございませんでしたか？」のように、お話をいただくことができる。

こうした具体的なことを把握した後、校内での協力体制を作るようにするのである。

5　教師の読書量と質

上質で体系だった知識。それは書籍の中にある。総合的な学習の時間の授業をマネジメントする力を身につけるならば、何と言っても「本を読むこと」である。

教師の仕事とは、上質の知識を、上質の方法で子どもたちに伝える仕事だ。知的な仕事なのである。その仕事を選んだ人間が、月に数冊の本も読まないのでは論外である。私はサークルのメンバーには「1日1冊」は読むように言っている。

書籍に書かれている先人の知恵は珠玉の情報である。ただ、膨大な書籍の中からどれを選べばよいのか、何を読めば勉強になるのか、若い先生は迷うかもしれない。私は若い頃から乱読で、手当たり次第に読んでいた。だから効率は悪かった。むろん、読書は効率が悪いから楽しいということもある。しかし、早く良い本にめぐり合いたいなら、遠回りな方法だった。

一番いいのは、TOSSサークルに入って、尊敬する先生が読んでいる本を教えてもらうことである。

私は「向山洋一氏が読んだ本」が雑誌に紹介されるのが楽しみだった。紹介された本は可能な限り手に入れて読んだ。

向山氏が紹介した本には、その時々の最先端の情報があった。総合の授業で私が発表してきたものの多くは、向山氏が雑誌の中で触れたテーマか、向山氏が紹介した本の中にあったものである。

20代の頃は読んだ本の書評を書いてサークルのメンバーに読んでもらったりもしていた。今はサークルの時に私が読んだ本の中から何冊かを紹介し、それをメンバーがMLに流している。今年の4月には18冊、5月にも18冊を紹介した。

ところで、総合の時間は「児童の興味・関心に基づく課題」が最重要だと、いまだに主張する人がいるらしい。そうではない。重要なのは「内容」を教師がどう組み立てるかである。教師が、「最新の研究成果」に真剣に向き合い、現在の日本の子どもたちにとって重要な知識内容を取捨選択し、授業として組み立てる努力をし、それこそギリギリまで考えぬくから、だから子どもたちも意欲的に調べるのだ。

そのためにも、教師の読書の量と質が決定的なのである。

6　情報を求め続ける

書籍には上質の情報が詰まっているが、文字だけでは伝わらない情報もある。TOSSの分野別セミナーに参観することが勉強の近道である。例えば「エネルギーシンポジウム」「CO2セミナー」「まちづくりシンポジウム」「インターネット会議」…これらはそのまま総合の重要なテーマに直結する内容を扱うセミナーである。

核心となる情報は「人」との出会いで得られる。全国に出かけ、様々な人と出会うことが大切だ。

「石炭の分子組成」を調べた。

いくら調べても見つからない。インターネットでも検索してみた。それに近いホームページは見つかったが、ズバリこれというものがない。大型書店でもそれらしき本を次々にめくってみた。やはり見当たらない。

なぜ石炭の分子組成を調べているかというと、エネルギーシンポジウムで「脱炭素化」の授業をするためである。授業のポイントは次のようなことだ。

①人口が爆発的に増加している。最初に10億人になるのに150万年かかった。ところが、最近の15年間でも10億人増えている。つまり100万倍の増加率である。当然、エネルギーも莫大に消費されている。
②特に都市部で人口が増加している。途上国では人口500万人以上の巨大都市が倍増している。その都市部でのエネルギーの「循環」ができない状態になっている。
③主な燃料は脱炭素化の傾向で変化している。木炭はH：C＝1：10。石炭はH：C＝1：2。石油はH：C＝2：1。天然ガスはH：C＝4：1。この次にくるのが水素エネルギーの時代である。
④水素エネルギーの時代が仮に実現するなら、循環型エネルギーの決め手になる。

問題は③の部分である。水素と炭素の比率だ。その具体的な根拠が欲しかったのである。

むろん、1：2は専門書に載っていた数値だから、たぶん大丈夫だとは思った。しかし、その専門書が何を根拠にこの数値を示しているのか。具体的な「化学式」が欲しかったのである。

しかし、とうとう見つからなかった。時間切れとなった。資料は見つからないままで、ついにエネルギーシンポジウムの当日となってしまった。

授業は概ね好評だった。しかし、私としては「もう一歩の詰め」ができなかった歯がゆさが残った。

もちろん、分子組成が見つかったとしても、授業の中で使うわけではない。教材研究を支える周辺情報としての「厚み」が欲しかったのである。

その一ヵ月後、TOSSの合宿のブレストで小森先生と話をする機会があった。小森先生は理科教育で三つの日本一に輝く、文字通りのエキスパートである。

小森先生に「石炭の分子組成」について質問してみた。しばらく考えられた後「たぶんきちんとしたものはないですね。」とおっしゃった。「木炭」も「石油」も同様だそうだ。小森先生が分からないのだから、私が分かるはずがない。石炭は天然高分子で、どのようにして生成されたかという自然条件によってすべて異なるそうだ。だからH：C＝1：2というのは、平均的に測ったものであろうということだった。

小森先生は帰宅されてから、わざわざ資料を送ってくださった。その資料の中には「石炭の化学構造モデルの一例」が図で載っていた。見ると実に複雑な構造をしている。CHとかCH2とかがごちゃごちゃとくっついている。なるほど、これでは難しい筈だ。

情報は、求め続けているといつか得られる。読書もむろん大切だが、核心となる情報は「人」との出会いで得られることが多い。全国に出かけ、様々な人と出会うことの大切さを改めて学んだ。

II　不規則対応―校外学習と自習体制

1　自然学校の発表会を1時間で準備する

今年の自然学校は、連休が明けた次の日、5月7日からだった。私が決めた日程ではないのだが、それにしても早い。もちろん県下でもトップの日程である。おかげで今年度最初の自然学校として、行政関係の原稿依頼もいくつか来たほどである。

自然学校の準備には、もともとそれほど時間をかけるほうではない。しかし、今回は全く時間をとれなかった。4月当初の大事な大事な黄金の授業時間をつぶしてまで自然学校の準備をするなんて意味がない。(たまたま一緒の場所で自然学校の5泊6日を共にした他校の様子を拝見すると、スタンツにしても、栞にしても、わが校とは比べものにならない綿密な準備をされている様子だった。本当に大変だったろうなと思う。)

今回は本当に何も準備しないで自然学校に突入した。やってみるとなんとかなるものである。歌唱指導もなし。スタンツの練習もなし。飯盒炊爨の説明もなし。最低限必要な、「持ち物」だけは子どもたちに説明したが。

準備もなければ、自然学校から帰ってきての「まとめ」などの活動もできれば無しにしたいというのが私の考えである。そこで、自然学校の思い出発表会も最終日に現地で行い、それで終了である。「思い出発表会」のようなプログラムをする学校はあまりないそうだ。現地の専門指導員さんの話である。

こうして、めでたく自然学校が終わり、学校にもどってきたのだが、戻ってみると1週間後に「5年生の学年発表」があるのだという。そう言えばそうだった。忘れていた。その週の金曜日の朝が発表の日だという。

そこで学年発表で自然学校のことを子どもたちに発表させることにした。しかし、これも何時間も練習させたり、放課後に残したりするのは本末転倒である。

私は、前日の木曜日の5時間目に「1時間だけ」発表の練習をさせることにした。

実は、指導補助員の方にお願いして撮影してもらっていたデジタルカメラの映像が400枚ほどあった。それを使うことにした。

まず、サムネイルで紙にプリントアウトする。20枚ずつ印刷してA4が22枚になった。それを子どもたちの四つの班に5～6枚ずつ配り、ひとり1枚の好きな写真を選んで、20秒以内で言える発表原稿を書くように指示した。その際、班の中で「エピソード」を二つか三つに絞るように言った。

後は班ごとに場所を決めて練習させ、子どもたちが選んだ写真を私のパソコンで一つのフォルダにコピーし、順にプロジェクターで投影しながらひとりずつ発表するだけである。

4班がはやかったので見本として全員に見せ、「暗記タイム」をとって原稿を覚えさせた。次に全体で1回通し練習をし、その際に声の大きさや間のとり方を向山式呼びかけ指導法で指導する。

2回目の全体練習で、始めの言葉や終わりの言葉等を学級代表や児童会役員に指示した。念のためもう1回通して終了である。明日の朝、もう1度だけ練習をやってみるから家でも練習してきてね、と言って終わりである。とてもシンプルだが、自然学校の様子はよく伝わる発表になる。

2　自習計画と指示

身内に不幸があって、この3日ほど仕事を離れていた。出勤し、職員室でたまりにたまった仕事を片づけた。

山のような机上の書類を処理したと思ったら、来月の図工の研究会の指導案が一昨日に締め切りだったという。

「谷先生はお休みだったのだからいいですよ」と気遣っていただいたのだが、それを30分ほどでバーッと書いてプリントアウトし、担当の先生にお渡しした。驚いておられた。

葬式ということで、2日間の特別休暇をいただき、学級は自習にした。月曜日の朝にちょっとだけ出勤し、黒板にあわただしく自習計画を指示して、そのまま自宅へトンボ帰り。

本日、出勤して職員室の先生方にご迷惑をおかけした旨、また葬儀に際してお気遣いいただいた旨、お礼を申し上げた。

教頭先生や専科の先生から、とても静かに自習をしていたとほめていただいた。

教室で子どもたちにも、

「みんなかしこく勉強していたんだね。先生方がほめていらっしゃいましたよ。よくできたね。」
と伝えた。

このような急な自習の場合、普通はどのような自習の指示を出すのだろうか。全くの我流だが、ありのままに書いてみる。

まず、ポイントは三つある。

①自習明けに、教師の負担が楽なこと。

これが第一条件だ。

つまり、「プリント類」は避ける。あとで採点や丸つけやハンコ押しなどの時間をとられるからだ。私は、ノートに学習を続けさせるパターンが多い。「教科書の○○ページから○○ページまで、練習問題をノートに進めていきなさい」のように指示するのである。あるいは、「漢字スキル」「計算スキル」を進めさせる。

あとは、困った時の「うつしまるくん（視写教材）」である。うつしまるくんを数ページ分作業するように指示する。さらに、スキル類は答え合わせまでしておくように指示する。

②「当番」の仕事をチェックさせる。

ふだんの「当番」が、きちんと仕事をしてくれさえすれば、クラスの生活はスムーズに進む。特に「日番」「給食当番」「欠席」「窓」「電気」など、他の先生方に迷惑がかかる仕事については念を押す。私の場合は黒板に当番名と児童名を書いておくだけである。「仕事をしたら名前を消しておきなさい」と自習のたびに指示してあるので、これで子どもたちは分かる。

また、「配り」「集め」など自習がスムーズに進むのに役立つ当番も普段から指導しておく。

③「騒いだ子」ではなく、「ちゃんとしていた子」を評価させる。

騒いだ子や他人に迷惑をかけた子は、みんなが覚えているからチェックする必要はない。問題は「静かに、まじめに、ちゃんと学習を進めていた子」である。これをきちんと評価してやらないといけない。

こうした子は概して目立たない。私は委員長・副委員長にお願いしている。

うるさかった子や迷惑だった子の名前はいりません。先生はちゃんとまじめにできていた子の名前が知りたいので、それだけを見ていてあげてください。

もちろん自習明けにちゃんと聞く。

Ⅲ　教師のベーシックスキル７

「教師のベーシックスキル７」と私が名づけているものがある。これから教師になっていく人に対して「これぐらいは学生のうちに少なくとも身につけておいたほうがいいよ」ということで話している。

最初は、「笑顔で接しなさい」ということ。とても重要である。

２つ目は、「声」。「声」をどのようにコントロールするかというのは、何かを教える人にとって基本的なスキルである。大きく二つあって、一つは「声の大きさ」、もう一つは「声の質」、トーンである。大きさと質、量と質。「声」の大きさは、後ろまで届かなければ意味がない。ある程度の大きさの部屋ならばマイクを使わなくても基本的には問題ないが、周りが全部絨毯、後ろがカーテンとなると変わってくる。

ふつうの声の出し方だとちょっと聞こえにくくなる。後ろの人は。吸い込まれる感じになり、かなり張った感じで声を出さないと後ろの人まではっきりと聞こえていかない。だから、マイクを使ったほうがよくなる。そういうことをその場で判断して「聞こえるな、聞こえにくいな。」ということが分からないといけない。そうしたことが分からないと教える仕事は難しい。

全然聞こえないのに全く平気でやり続ける人いる。講師が、後ろの人は聞こえなさそうにしているということに気がつかないこと自体問題がある。「自分の声が届いているかな。」って、前でしゃべる場合には必ず気をつけなければいけない。

そして「声」のトーンは、一オクターブぐらい上げていく。一オクターブというのは大げさだが、声を上げただけで自分も笑顔になる。表情も豊かになる。「トーンを上げる」ということについて意識をしなくてはならない。　こういうことは、小学校・中学校の現場で若い先生には全く教えられてない。だからこの最も基本的なことを知らないまま現場に立つことになる。

学生に「こういうことは誰も教えてくれないから、自分でやっておきなさい」と言っている。

三つ目は、「目線」。「目線」というのは目が合うということである。「目が合う、この人は目を合わせてくれる」という感覚はとっても嬉しいことである。

セミナー会場で、私と目が合ったなと思う人がいたとしたら「それはよかったな。」ということである。「一度も目が合わなかったな。」と思う人がいたとすると「教える技能としては、まだまだである。」ということになる。

私がそのことを一番最初に思ったのは、尊敬している向山洋一先生とのエピソードである。

200人ぐらいの広い会場はぎっしり満員で、その200人の会場で私は一番後ろに座っていた。話を聞いていると、向山先生は講演をしながらズーッと僕ばっかり見たのだ。凝視する感じで見つめるから、今日の向山先生の話は明らかに「僕のために、谷のために組み立てた話だなぁ」と思った。

話している中身も何となく自分に合っている感じがして。「向山先生は今日は僕を意識して話をしてくださっているのだ。」と思ってすごく嬉しかった。

それで、懇親会場のお酒を飲む席で、たまたま向山先生の斜め前くらいに座れ、思いきって聞いてみた。

「向山先生、今日の講演中、私ばっかり見てくださいました。」って。そしたら向山先生は、「あ、そう？　じゃ、カンパーイ」とか言って、全然取り合ってくれなかった。だから「あれぇー」と思って、私のスピーチの時間に立って、会場の皆に言ってみた。

「今日、講演会中、向山先生は私のことばっかり見てくれるなと思ったのですが、そう思った人、他にいますか？」

って聞いてみると、その会場にいた全員が手を挙げた。全員。ザッと

その時のこのショックな気持ちを伝えたい。びっくりした出来事だった。

そういう目線があることに気がついた最初の出来事だった。若い頃のことだ。

もう少し歳とってから、向山洋一先生ともう少しお近づきになって、ホテルの最上階からエレベーターで降りてきて、ふたりきりになったことがあった。

向山先生に

「以前、向山先生が目線のことでお話されたことがあってびっくりしたんです。」

って言ったら、向山先生が

「あ、そうなの？　たまたまだけど、俺が目線に開眼したのはこのホテルの最上階なんだよ。」

って言われた。
「どういうことですか。」
と聞くと、ホテルの最上階のラウンジで。コンサートがあって、そのギタリストが、プロで、ギターを弾きながら楽譜なんか見ない。ギターを弾きながらお客さんを見たという。そしてそのギタリストが向山先生ばっかり見たというのだ。
　その時、「この人、俺ばっかり見るな。」って思ったそうで。顔見知りじゃないのだから、そんなはずないし、俺ばっかり見るわけないんだから。
「そういうプロの目線があるんだって、その時思ったんだよ。」
って。
「俺が、最初に目線に開眼した初めだったなぁ。」
って言われた。

　そうやって考えてみると、人前で何かをプレゼンするような人で、プロフェッショナルな人というのは目線のコントロールが皆すごい。
　アイドル歌手でさえそうだ。コンサートへ行くと「わー、私見てくれたー！」とかファンの子が言っている。あれやっぱりそういうことを意識してコントロールしているわけである。
　これ、学校の先生だろうがだれだろうが同じことで、ちゃんと目を合わせて言ってくれるっていう人に好感を持つ。
　この「目線」も、話し出すとキリがない。「目線」３年って言われるほど奥が深くて、今述べたのはほんの入り口である。「どういう状態でコントロールすると、どの子も私を見たと思うか。」ということである。
　だから顔を上げて流れているだけでは決して「見てくれた」と思わないので、目線は止まらなきゃいけないし、「何秒ぐらい止めると、人はどう思うものなのか。」ということも、もちろんデータがある。
　そういったことを分かっていても、話をしながら「何秒ぐらい止まるかな」って考えながらしゃべることはできない。話しながら、1、2…とか、心の中で言えない。

そのことが無意識に身につくような状態になってなければ、目線が合ったということにはならない。

しかも目が合ったということだけではなくて、受け手の方の状態が手に取るように分からなければだめなのである。例えば「あの子はちょっと今、気持ちが離れている。」とか「あの人は、今、発表したいと思っているな。」とか。

そういうことが、分かってくるっていうのがもう一段上の段階である。

四つ目は「立ち位置」、どこに立つかという問題である。「立ち位置」というのは、正面に立つのが基本だが、そこから一歩も動けない人もいる。大学の先生は講義ですからそれでもいいことがある。

でも、子どもたちとやりとりをする、様々なやりとりをするという時に正面だけにしか立ってないというのは問題がある。あるいは、資料だけを見て、下に目がいってしまうというのも問題である。

できるだけ効果的なところで、しばしば動きながらしたほうがいい。

逆に、悪い「立ち位置」の一つの例は、ズーッと歩き続ける「立ち位置」がある。「立ち位置」っていうよりも落ち着きがないだけ。動物園のシロクマをイメージすればいいが、こっちに行ったらまたこっちへ来るという「立ち位置」のことだ。

これ、実は私にも言える。

だから、ついうっかり油断すると、ズーッと歩いてしまう。落ち着きがない。多分脳内ホルモンに関係していると思うがつい歩いてしまう。それが受け手をイライラさせることがある。

これ、大人なら我慢できるが、子どもは、なぜ自分が今イライラするのか分からない。それが原因だと思わないから。だから何となく落ち着かないしイライラするけれども、そのことを説明できないから、だから暴れる。自分が原因になっているかもしれない。これはもちろん気づかないといけない。

これに対して、もっと意図的な「立ち位置」っていうのがある。気になるお子さんの近くに寄ってみるとか。もちろん、ふたりの世界になってしまってはだめである。その子の近くに来て、「皆に向かって授業をしている」という状態にしなければだめなのである。

仮にこの子がやんちゃで何もしないタイプのお子さんだとすると、そばに立っているので、何となくやらざるをえない。

あるいは、例えば、すごくいい意見を言ったとすると

「あぁ、いい意見ですねぇ。もう一度言ってみてください。」

って、私がそばに立つ。前述の「立ち位置」と関係する。すると皆がこっちを見る。視線をコントロールできるということになる、だから

「良い意見ですねぇ、どうぞ。」

って言う時に、その人を見ちゃいけない。その人を見ちゃうとこのふたりの世界になってしまう。また。「あのふたりでやっているわ。」と思われ、ちょっと話が長引くと段々遠い人は意識が離れてしまうことになる。

そうではなくて「あぁ、あぁ、なるほどね。」って、遠くの人と目を合わせる。その視線をコントロールする「立ち位置」というのがある。

また逆もあって、

「今、言ったことをもう一度言ってみてください。どうぞ」

って、なぜか離れていく「立ち位置」っていうのもある。

どういうことかというと、ここに、全然話しを聞きそうにない人がいるとする。落ち着きがないような感じがする子の横にさりげなく立って

「あぁ、そういう意見ですか、なるほど。」

って。横にいるので、この人も聞かざるをえないことになる。

「いい意見でしたね！皆さんも感想を書いてみてください」

と言うと、やらざるをえないわけだ。

これも、何となくやっているわけではなくて、意図的にその場で見てとってやっているわけである。そういったことが自然にできなければプロフェッショナルな教え方にはならない。

何度も言うように、教師になる前、学生の間に身につけておいたほうがいい一番基本的なスキルだ。

これは本当に入口のところなのに、たったこれだけのことでさえ、全く教えられていないというのが今の教員養成の現状だ。

五つ目は、「リズム・テンポ」。「リズム・テンポ」は大変重要である。

お年寄りの方は、あまり速すぎるとよくないけれども、小学生、中学生が相手の授業だと、基本的に心地よいスピード感が重要となる。トントントンって進んでいって、またじっくり考えて。トントントンと進んでまたじっくり考えるというリズムとテンポである。

六つ目は、「対応と応答」。当然だが、一方的な講義は、聞かなくなる。

だから時々は、発表させたり、ノートに何かを書きこませたり、あるいは、資料を持ってこさせる。

「じゃあ黒板に書いてもらいます。」

とか、いくつかの活動を組み立てていかなければならない。

こういうのを「対応」とか「応答」と言う。

黙っていればいいのにと思うのにズーッと発表する子がいる。

「ずっと発表する子をどうすればいいんですか。」

と質問に来る方がいるが、私としては、ひたすらしゃべる子ってものすごく可愛くて、全然困ったことがない。

困るのは、当てても何も言わない子だ。むしろ、そっちのほうが困ることが多い。ズーッとしゃべっている子なんか、ほんと可愛い。

「ズーッとしゃべるから大変だ。」って言うけれども、いろんな対応の仕方がある。
「先生、分かった、分かった！　当てて！　ハイハイ！　俺、俺！　分かった！　分かった！」
とか言うわけである。それに全部「ハイ、誰々くん」と対応しているとだめで、こっちから順番に機械的に当てていけばよい。
「分かったのですか？　分かった！　分かった！　じゃあ、ここから」
って、
「皆、分かっているのだね。順番にいくよ。」
とふつうに当てていけばよい。
そういう子は、全然授業に関係ないことを言う場合もある。
その場合にも、例えば、手で反応するとか、目で反応するとか様々な対応の仕方があり、そういう方法を10種類も20種類も持っているということが重要なのだ。
そのような対応の仕方はあるはずだ。こういう対応をすれば、安定するとか、発言しやすくなるとか、自身で書き出してみるという作業が必要となる。私もそういうことを、若い頃やってみた。

七つ目が、「作業指示」。「今、1から7番目まで、先生が書きました。これを皆で読んでみますよ。」というのが「作業指示」である。
例えば「教師のベーシックスキル7とは何ですか？」と聞かれても、ボヤーッとする。「教師のベーシックなスキルを7個、もし挙げるとすると何ですか？　ノートに書いてください。」と言われるとそこからアタマが働く。
「このノートに書いてください」というのを「作業指示」と言う。
単に発問したり単に説明したりするのではなくて、そのことで動かす、身体を動かす活動に変換しなければ、人はものを考えない。

1から。私が「1」と言い、続いて中身を読ませる。

①「表情」②「声」・③「目線」・④「立ち位置」・⑤「リズム・テンポ」・⑥「対応・応答」・⑦「作業指示」

「この七つが大切です」というのも、「作業指示」で授業を組み立てるということなのである。「読んで組み立てる」あるいは「書きなさい」というのも全部同じである。

第3章

参観者が見た谷学級

ここでは、TOSS 西風サークルで学ばれている有川先生が、谷学級を丸１日参観した時の記録から抜粋したものを紹介する。

いきなりの参観希望である。朝の会から放課後まで、全部だ。隠しようのない、まさにありのままの私のクラスが描写されている。

やんちゃな３名が女の子にいじわるしたのを、音楽室へ移動する時の隙間時間に指導した場面。清掃のチェックでは、チェックの時間にどのくらい使ったのか。何をチェックしたのか。五色百人一首の磁石移動のやり方での微細技術、等々…。全くそのまま再現されている。

詳しく描写されているので、ご参考になる部分もあろうかと思い、一部を紹介する。

Ⅰ　学級経営の意図を探る（有川聡）

1　朝会

❶ 待たない

朝、教室に入り谷学級の子どもたちとお話ししていた。ふと気がつくと、教室にいる子どもたちが半分以下になっている。廊下を見ると、谷先生が子どもたちを整列させておられた。今から朝会らしい。慌てて廊下に出た。
残っていた子どもたちも、慌てて廊下にでた。

まだ、後ろのほうが整列できず、教室に 3 名残っているにも関わらず、谷先生は移動を開始された。

❷ 朝会の隊形の整列

朝会が行われる部屋に入ると、既に谷先生は早く来た子どもたちを整列させておられた。35 人を 2 列に並ばせるので、非常に長い列になる。

谷先生は、前から順にふたりずつ（隣の人と）整列させ、間隔を調整させ、座らせていた。

あれだけ長い列だと、後ろまで指示しにくいからなのだろうか？
それとも、ふたりずつ座らせることで、欠席の確認をされているのだろうか？

どちらもある。（谷）

谷先生は、全員を座らせた後、子どもたちの列の最後尾に近いところに、座った。

通常は、教師は前に立つべきと思う。この場合は、多目的室で集まっており、子どもたちも座っている隊形なので、後ろでもよい。（谷）

❸ 短い指示

朝会を終えて、教室へ帰るときの指示

　ある学年の指示

○年生立ちましょう。教室に帰ります。○年生のあとについて、ずうっといきましょう。

　谷先生の指示

4年生起立。

これが全て。でも、子どもは動く。

❹ 廊下を走っても注意しない

　教室に帰るとき、勢いよく走っていく子が３名いた。３名は、そのまま谷先生も追い抜いて走っていった。

　谷先生が、何か言われるかな、と思って聞いていたが、谷先生は何も言わなかった。

「廊下は静かに走れ」と言ったのは斎藤喜博である。向山先生も同じ考えだ。いちいち細かく注意しない。（谷）

以前、谷先生が「廊下を走るぐらいのことは注意しません。」と聞いた。言うとすれば、「静かに走れ」「ばれないように走れ」と言われるらしい。

一流の人は、廊下を歩くことを徹底させようとしないとも聞いた。聞いてはいたのだけれど、実際目の前でそういう場面をみると、驚きだった。

2　朝の会・５分間読書

❶ 朝の会の間も全体を見る

朝の会の途中、教室の右前の位置で、立って、全体を見ていた。谷先生は、いつも、朝の会の時は、前に立っているのだろうか？

どんな場合であれ、子どもを見ることは基本であると思う。日番の子を見るよりも、その他大勢の子を見る。（谷）

きちんと朝の会を進めさせるためなのだろうか？

それとも、その日の子どもの様子を確認しているのだろうか？

私は、朝の会の最中は、宿題を見たりチェックしたり、ごそごそしているのだけれど。だから、谷先生が朝の会の間、ずっと立って子どもたちを見られているのが、気になった。

❷ やはり短い指示

谷先生の「5分間読書」という、たった一言で、子どもたちは読書を始める。

すぐに、教室中がシーンとなる。これが、3年生の時に大変だったというクラスには見えない。

読んでいる本は、ゾロリ、漫画（火の鳥、ひかりとともに）が多い。読書時間中は立ってはいけないということで、誰も席を立たず、静かな時間が過ぎていく。

もしも、時間内に本を読み終わったら、もう1回同じ本を読むか、教科書を読むことになっているそうだ。

谷先生は、この間に宿題を点検される。まず、日記のチェック。PTCAで、見学に行ったときの日記らしい。

1冊を読むのに約2～3秒。短ければ1秒、長くても7秒ぐらいで1冊読まれる。

コメントや評価は何も書かない。（時間があれば、書かれる場合もあるそうだ。）

次に、漢字の宿題チェック。

ノートの一番上の漢字だけ確認して、○をつけておられる。(一番下の場合もあるそうだ)

間違えた字は、赤鉛筆で書いてあげる。

宿題をチェックしている間も、頻繁に子どもたちの様子を見ている。

この間、子どもたちは一言もしゃべらない。

ノートチェックが終わったら、席替えの準備を始められた。

ネームプレートを使って、席替えをされるので、ネームプレートを出された。そして、女子のネームプレートを、机の上に裏返しにして並べられた。

ネームプレートの準備が終わったところで、読書終了。

読書の時間は、約7分半。

5分間読書であるが、きっちり5分ということではなく、状況に応じて時間を変えられているようだ。

3　席替え

手順は、次のように行われた。

①女子の端と端の子にジャンケンさせる。
②勝った方から順に、裏返しになっているネームプレートをとっていく。
③男子の端と端の子にジャンケンさせる。
④勝った方から順に、裏返しになっているネームプレートをとっていく。
⑤欠席者の分は、最後に残ったネームプレート。
⑥自分がひいたネームプレートの子どもの席へ、机を動かす。
⑦全員起立させて、班を確認する（「1班着席、2班着席…」)。
⑧注意すべき子（よくしゃべる子など）には、「そこでいい？」と聞く。

⑨全員起立させて、班の中での番号（1、2、3、4）が決まったら着席。
⑩１番の人にネームプレートを回収させる。

席替えを先に女の子からするのには、意味があるということだった。
男の子からすると、ざわつくからだそうだ。

席替えが終わった時に、「横の相手が嫌だ。」とか、「場所が嫌だ。」とか、子どもたちがそういう言葉を一切言わなかったことに驚いた。

もしも、右のように嫌だという子がいたら、当然見逃さない。厳しく、短く叱る。（谷）

谷先生が、そういうことについて、何も注意していないのに。私の場合は、３学期になっても、「もしも、新しく隣になった人を見て、『えーっ』と言ったり、嫌な顔をしたりする人がひとりでもいたら席替えは中止します。」と毎回注意していた。

谷先生は、５月６月にそういうことを徹底させられたのだろうか？それとも、学級経営がうまくいっていれば、そういうことは言わなくても当たり前にできるのだろうか？

席替えは、全くの運だそうだ。だから、手のかかる子同士がくっついたりすることもあるそうだ。

そういうときは、教師の権限で、その子の席を変えることもあるそうだ。

教師の権限で替えるというのは、すぐにではない。
その子がたびたびおしゃべりをしたり、集中していない場面があったりしたときに、何度も「やさしく」「にこやかに」注意をし、それでも全く改善されない時に、「じゃ、しかたがありません。次はここの席にきてもらいますよ」と予告をした上で、席を替えるのである。これで、4月には数名が席を替わった。いきなり替えるのではない。（谷）

4　五色百人一首

桃色。一通り五色終わって、2週目だそうだ。

谷先生が、百人一首の札の入った入れ物を当番の子に渡すと、当番が列の先頭に配っているようだ。並べている最中で、読み始める。

配り方は決まっているわけではない。
当番の子が勝手に配ってくれることの方が多い。練習で読む枚数も、その時によって様々。（谷）

5枚読んだ後、「じゃあ、練習終わり。」

「お願いします。」と「握手」をさせる。空札も子どもたちは覚えているらしく、一緒に読んでいた。

読み方は、1枚目は10秒ぐらい。しかし、10枚目を過ぎると、1枚5秒ぐらいで読んでいた。上の句と下の句の間は1秒以上あけて読む場合が多かった。

かなり間が長い感じがした。

その分、読んでいるときのスピードはかなり早い。（でも、谷先生に言わせると「今日のはかなり遅い」そうだ）

おしゃべりをする子には、「○○くん。」と言って、自分の口を押さえる仕草をして、注意されていた。

「かくとだに」「ふ」などは、印象に残るような読み方をしていた。

番付表の移動。

まず、次回勝負をする席に移動する。
次に、両端の列の子どもに、名前磁石を移動させるように指示された。
「ひとりは札を片づけて、もうひとりは磁石を代えに来なさい。」
混雑を緩和するために、どの列から出てくるか指定されたのだろう。

さらにふたり組で「片づけ」と「磁石移動」の仕事を分担することによって、番付表の前の混雑はあまりおこらなかった。

なぜ、両端の列から片づけ・磁石移動をさせたかというと、両端が早く札の片づけができていたからだそうだ。

どの列から片づけ・磁石移動を始めるかは、その日の状況によって、谷先生が指示されると言うことだった。

5　会社活動チェック（係活動）

会社の活動のチェックは、次のような手順であった（新聞会社の場合）。

①責任者、全員起立。
②「何の会社ですか？」
③「どんな仕事していますか？」
④「何枚出しましたか？」
⑤「先生に見せましたか？」
⑥「座りなさい」

活動が停滞している会社については、追い込んでいく。

「今日、何しましたか？」
「先週は何をしましたか？」
「いつやるんですか？」
「次回はいつですか？」
「『ぐらい』じゃだめです。」
「今までに１枚？会社ができてから今までに１枚？立ってなさい。」
「予定日はいつですか？」
「一番新しいとき、お客さん何人？」
「（お客さんは）増えているのですか？減っているのですか？」

このように進行状況を確かめることと、時間・場所・モノを与えることが大切だ。これらをきちんと教師がしてやれば、後はほとんど放っておいても進む。（谷）

全ての会社の活動チェックが終わってから、1時間目の残り時間（6分間）を活動時間にあてられた。子どもたちは、1時間目が終わっても、中間の休みも、会社活動をしている子が多かった。

新聞会社がたくさんあったのだが、内容は様々。

「たまごっち新聞」「水の生き物」「ランキング新聞」「インターネットの記事を印刷したものにコメントを書いた新聞」「なんでもニュース」。

どうして、こんなに様々な新聞ができるのだろうと不思議だった。谷先生が指導された訳でもなく、何か見本があったわけでもないということなのに。谷先生は、「競争の原理かな」と言われた。

6　音楽室への移動

4時間目は、音楽だった。音楽室への移動。ここでも谷先生は待たない。チャイムが鳴ると女子はすぐに集まったけれど、男子はまだ集まってこない。

谷先生は、次のようにされた。

①女子だけ、整列させる。
②女子だけ、先に行かせる。（それを見て、男子の前の方は整列し始める）
③男子を整列させる。（前の方だけ整列する。後ろはぐちゃぐちゃ。）
④男子をスタートさせる。
⑤男子のばらけているところ（半分より後ろ）は、ストップさせる。
⑥ばらけている子だけで整列する。
⑦整列した子は、進ませる。
⑧また、列がばらけているところで止める。
⑨ばらけている子だけで整列する。
⑩整列した子は進ませる。

これはその場での思いつき。
いつも決まりきった出発をするのではなく、子どもたちの様子に応じて柔軟に変化させる。（谷）

並んでいる子を待たせることもないし、並んでない子を叱ることもなく、淡々と子どもたちは並び、移動していった。

この日は、⑩の途中で男の子三人だけを名前を呼んで残した。この三人が女の子に意地悪をしたそうなので、短く指導した。ビデオに撮っていないので、正確ではないけれど、次のように言ったと思う。

「○○ちゃんに、何か嫌なことを言ってるそうですね？」（男の子あっさり認める）
「○○ちゃんが、何か言ったの？」（女の子は言ってない。男の子達、謝る。）
「謝っても、明日もまた言っちゃうんじゃないの？」（言わないと約束する。）

約束させたら、音楽室に移動させる。

怒鳴るわけでもなく、淡々とした指導だったけれど、あれで男の子に一応の歯止めはかかるだろうなと思った。

特別に呼び出すこともなく、さりげなく呼び止めて、短く指導する。谷先生が、時々お話しするやり方を、実際に見られてよかった。

7　掃除チェック

掃除終了後。5時間目開始直前。子どもたちは、ほぼ全員教室に帰ってきている。

谷：全員起立（教室の後ろから入ってきながら指示）
　　（子どもたち起立）
谷：お掃除ちゃんとできた人、座ります。
　　（ほとんどが座る）
子：してないし。
子：おれだけかよ。
　　（谷先生は、目線は全体を見渡しながら、手元ではこのあと配布するプリントの用意。）
谷：今立っている人はなんで立ってるの？
子：そうじちゃんとしてない。
谷：そうじちゃんとしてないことがあった。反省点がある人立ちなさい。
　　（座っていた子が、何人か立ち上がる。）
谷：…（聞き取れず）
谷：明日同じこと聞きますよ。
谷：1、2、3、4、5、6、7、8、9、10。（人数確認）
谷：座りなさい。

長くやってはいけない。それに、毎日毎日やってはいけない。3日ほどチェックしたら、後はしばらく忘れてしまうくらいでいい。（谷）

「全員起立」から、「座りなさい」までの時間はわずか58秒。短い。短いけれど（短いからこそ？）、効果のある指導だった。

「反省点がある人立ちなさい。」

重ねて聞くことで、このままごまかそうか、正直に立とうか迷っている子が、プレッシャーを受けて立った（ように見えた）。ここで先生に嘘をついて、後でばれたらまずいなというような感じに見えた。

「明日同じことを聞きますよ。」と予告することで、立っている子はもちろん、座っている子にもプレッシャーを掛けておられた。

今日は大丈夫でも、明日は我が身かもしれないと。

II　学級経営のシステムを分析する

1　始業前のシステム（楢原八恵美）

宿題点検・提出物の点検は授業が始まるまでにチェック終了。始業前の仕事で1日が余裕をもって始まる。

①登校すると提出物を教卓に出す。
②教師はその場で点検をする。
③係の子が点検表にチェックする。
④その日の予定が書かれた小黒板で、1日の流れをどの子も分かる。

朝の教室。8時過ぎに、谷氏が教卓に座りその周りを子どもたちが取り囲む。谷氏は子どもの出す漢字ノートの宿題に○つけをしていた。一つ一つに素早く○をつけていた。1ページに大きく○をつけてはいない。間違いもその場で直していた。仕事が素早い。

写真の谷氏の隣でノートを開いて持っている子どもは、点検係の子だ。開いて出していたノートを閉じてしまったので、もう一度開いて先生が○つけしやすいようにしているところだ。教卓の上には赤鉛筆が入った缶ケース。細長くて場所をとらない。手前のノートの下には子どもの胸につける名札が入っている。学校に着いてから名札をつけるようだ。登校している子とまだ登校していない子の確認ができる。

写真のように先生の周りを子どもが取り囲んで、先生に話しかけていた。

点検係のこの男の子は、ノートを見開きに直した後、点検表に○をつけていた。出していない子は×。

ずっと×のついている子がいた。やんちゃのＲ君。谷氏は確認はするけれど、怒鳴ったり、クドクドと怒ったりはしないそうだ。谷氏曰く「アバウトなんです。」Ｒ君が周囲と摩擦が少ないのは、谷氏のこのような対応に負う所が大きいと感じた。

それにひきかえ、宿題をよく忘れるＹ君にクドクドしつこく注意したり嫌みを言ったりしている我が身が恥ずかしくなった。

笑顔でチェック

教師の子どもへの対応が、子どもたち同士の対応につながる。笑顔で微笑み返す先生と子どもたちの間には、知らず知らず信頼感が育っていく。子どもが自分の勤めを気持ちよくできるようにするためには、確認が大事だ。時間をかけてしつこく点検・確認すると子どもはやらされている気分になる。だれてくる。

確認は短時間で素早く

8時15分過ぎに登校してきた子がいた。その時すでに谷氏のノート点検は終わっていた。「そこにおいといて。」と言われてその子は見開きで少し折り目をつけて出していた。ノートの出し方が丁寧だったと感心した。普段からノート点検の時は、先生が見やすいように出させているのが分かった。

黒板の真ん中に小黒板が置かれてあった。その日の時間割と宿題・持ち物が書いてある。今日はこういう予定なのだと、1日の見通しが立つ。給食終了後に書くそうだ。必要最小限しか書かない。書くのが遅い子も、この書き方だとすぐに書ける。

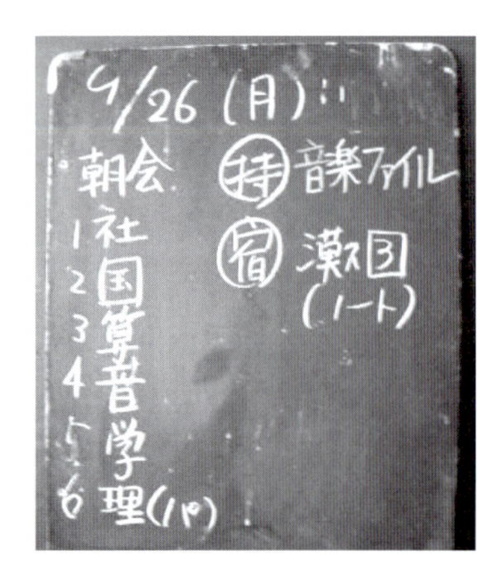

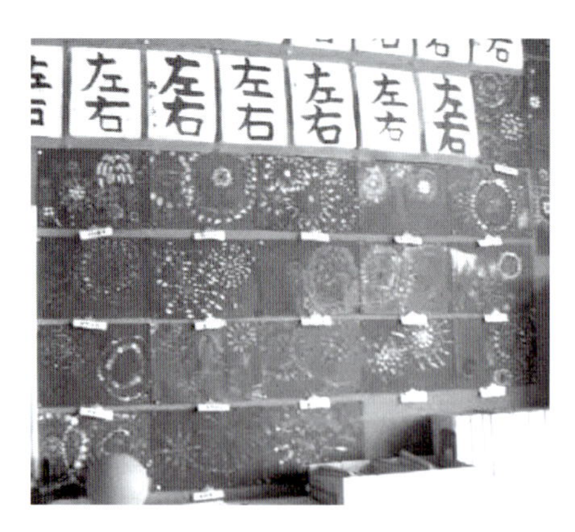

朝の提出物の点検を一通り終えた谷氏。

次の行動は、描き終わった絵を掲示するため、絵と名札を何人かの子に配らせていた。配り係が配っているのかと思うとそうではなく、その時に手の空いている子に頼んでいたようだ。

月曜日なので朝礼があり、5分前に廊下に整列する。教室の子どもの机の上には、名札のついた絵が置かれていた。朝礼が終わると速やかに絵を回収した。給食を早めに終えた谷氏は、素早く絵を掲示した。

2　谷学級の給食システム（溝端達也）

❶ レストラン方式

TOSSデーなどで紹介されている給食指導レストラン方式。全国でも同じようなやり方で実践している学級があるかもしれない。しかし、このような形でまとめ、追試可能な形で世の中に提案したのは、谷和樹氏が最初であろう。レストラン方式での準備中、谷先生は何をしているか。

何もしない

谷先生は、給食準備中はほとんど何もしない。教卓の所で子どものノートをみている。連絡用の小黒板を少し書かれていた。溝端の勤務校では、子ども連れて一緒に給食室まで行かなければならない。また、教師もエプロンを着用する。この辺りは、学校によるシステムの違いであろう。

谷学級では、子どもたちだけで全て行う。おかずの量の調節や「いただきます」の挨拶などは、子どもたちと一緒に行う。

また、待っている子どもも静かである。ほとんどの子が、静かに本を読んでいる。

まさしくレストラン方式にふさわしい雰囲気である。

❷ 子どもたちから見たレストラン方式

ある男の子にレストラン方式について聞いてみた。

5年生の時は、給食はどんなやり方でやっていたのですか。

「ひとりひとりが前に取りに行くやり方でやっていた。」子どもたちが答える。5年生の時までは通常の給食当番のやり方なのである。

5年生の時のやり方と今のレストラン方式どちらがいいですか。

みんなレストラン方式だと言った。理由を聞いてみると、
「当番の人が持ってきてくれるから楽。」
「準備が早い。」

❸ 校内の全ての行為を突き詰めて考える

谷流レストラン方式

私がこの実践を知ったのは、2002年1月の関西フレッシュセミナー和歌山であったと記憶している。谷学級のビデオは流れ、谷先生の解説が加わった。

衝撃的であった。

「こんなやり方があったのか？」と唸ってしまった。まさに目から鱗だった。

当時、6年生を担任していた私は、月曜日から早速レストラン方式に変えた。すると、給食に準備時間が5分も縮まった。その分、子どもたちも大喜び。

一風変わった形態に子どもたちにも好評であった。

この日から、給食に関するストレスが全くなくなった。

現在、溝端学級でもレストラン方式でやっている。もう3年目である。この3年間、多少私なりに改善もしてきた。4年生の子どもたちで準備、食事、あとかたづけも含めて30分間で終了である。いつも運動場に1番に飛び出すは、溝端学級の子どもたちである。

「たかが給食、衛生的であれば子どもたちに自由にやらせばよい。」

このような意見の方もおられるであろう。しかし、私はそうは思わない。

学校内の教育的営み、行為を全て突き詰めて考えてみる。

谷氏は、このレストラン方式が実践するきっかけをお話してくれた。当時担任していた2年生がどうしても給食の準備が遅かったからである。そこで考え出されたのが、このレストラン方式である。

私もこのレストラン方式をきっかけに清掃や朝会などいろんな場面で子どもたちの動きを考えてみることにした。

たかが給食指導、されど給食指導である。

3　清掃指導のシステム（溝端達也）

❶ 清掃指導のポイント

以前、サークルで清掃指導について、谷先生にお聞きしたことがあった。

清掃指導のポイントは、ほめることと確認をすること。（溝端文責）

「ほめる」とは、掃除場所に行って、具体的にほめることである。まじめに取り組んでいる子をほめる。きれいにしている子をほめるのである。
1日参観では、これをみることができなかった。5校時の飛び込み授業のため、準備をしていたからである。
もう一つは確認である。「確認」については、今回みることができた。
ここでは、そのことについて述べる。

❷ 清掃後のチェック

5校時のチャイムがなると、谷先生の指示が出る。

全員起立。

この一言で察している子もいる。
ある男の子がつぶやく。

今日の掃除がちゃんとできた人、座りなさい。

この確認は日常化しているのである。

今日のお掃除がちゃんとできた人は座りなさい。

座っていない子は理由を言わされる。窓際の子から順番に言っていた。
「話をしました。」
「話をしました。」

昨日もだったね。

「はい。」短く答える男の子。

その前もだったね。

「いいえ。違います。」

じゃあ、座りなさい。

これで終わりである。これだけである。しかし、この確認が極めて大事である。毎日、続けることが大変である。この確認があるから、子どもたちはきちんとしようという意識をもってできるのである。

Ⅲ　学級経営と仕事術の極意

1　その場主義の仕事術（溝端久輝子）

❶ 朝の15分間で宿題チェック完了

8時3分教室へ移動。前の教卓では、宿題係がノートをチェックしていた。谷先生は教卓に座り、ノートをチェックし始める。

谷先生のとなりには宿題係りの男児が1名ノートを広げて谷先生が見やすいように準備している。これはシステムになっているのかと思ったが、実はそうでないらしい。ノートを数えるときの癖で、男児が開いてあったはずのノートを閉じてしまったのだ。谷先生が、「閉じているのか、見にくいな。」というようなことを言うと、気を利かせてノートを開けてくれたらしい。

しかし、毎日しているかのように、呼吸の合った動きである。

一通り見終わった後、ノートの冊数を数えて確認。「25名」と谷先生が言うと、宿題係の男児が、名簿の○の数を数えた。「25やろ」と谷先生。一言「優秀」25名出ていて優秀だという意味だろう。その後、数名が後からノートを出しにきた。そのつど、宿題をしているところをそっと、手で押さえ、閉じないようにし、開いて提出。谷先生が開いて出すよう、身振りで示す場面もあった。

宿題のノートを見る間に、休みの間の出来事を話しに来る子や、写真を見せに来る子どもがいた。和やかに談笑しながらも提出の宿題ノートにすべて丸をつけ、間違っている字を赤鉛筆で直し、ノートの名前を確認しながら目を通された。

❷ 作業テキスト回収

国語の時間に原稿用紙の使い方のページをやった。時間がきたら途中でもいいので終わらせた。その後、うつしまるくんは回収。後からチェックされるのかどうか聞いた。答えはしない、ということであった。

例えば、漢字スキルや、計算スキルは学期の終わりに空きページがあれば、全部する時間をとられるらしい。全部回収して新たにチェックするということはされないらしい。その場合は、やっている子どもは、先に帰っていいよ、という状況にして、やっていない子どもだけがするという。

❸ 掲示物処理

給食後は昼休みである。その間、子どもたちは外に出て遊んでいる。谷先生はその時間を利用し、掲示物をはられた。外に出ていない子どもが手伝っていた。放課後掲示物をはるための時間をわざわざ作らないのである。全員分掲示完了である。

押しピンではるところがなくなったら、背面黒板の掲示物をはずし、マグネットで背面黒板にも掲示された。その場、その場ですべて完了させるのだ。

掲示物で言うならば、暗唱の合格者が掲示されていた。全員合格すると掲示されるという。わざわざ名簿を作ってチェックなどしない。人数を数え、全員合格していれば、そのまま掲示されるらしい。

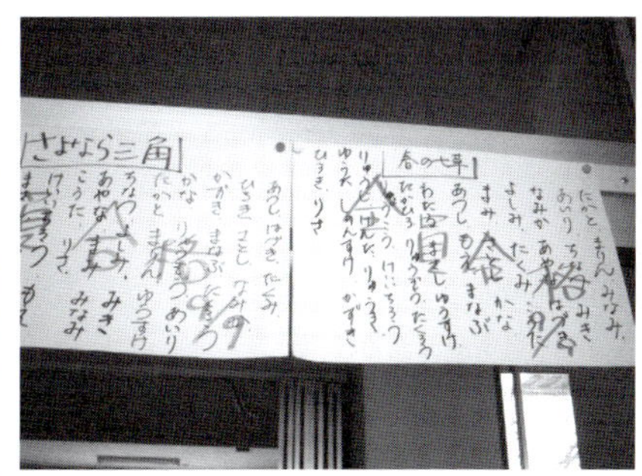

❹ 授業参観後の子どもたちの感想の処理

5時間目に参観者6名が授業をした。

その後、子どもたちに感想を書いてもらった。私たちが帰るころにはその感想をコピーし、もって帰らせてもらえた。33名分のコピーをするのは手間のかかる仕事である。しかし、谷先生はその場主義、私たちが帰りの用意をしている間に済まされてきた。

仕事ができる人ほど仕事が速い。その場で片づけ、完了まで持っていくのであった。

2　あたたかい教室雰囲気を作り出す（寺西雅子）

❶ 微笑みコミュニケーションが成立する教室空間

「微笑み」が教師と児童の間で、伝達手段の一つとして成立していることが、谷学級の特徴である。

鏡を見て笑顔の練習をしなさい。

と、谷先生に教えていただいた。

セミナー、例会での谷先生はいつも笑顔だ。たまたま谷先生と目があい、にこっとしていただくと、それだけで幸せな気持ちになれた。

自分に向けられた谷先生の笑顔で

あなたを見ていますよ
よく来ましたね
分かったのですね。
分からないのですね。

など、谷先生からのメッセージを感じていた。

神谷裕子先生が、谷先生は何種類もの笑顔を持っておられると言われていた。

そうだよねえと言う笑顔
驚いたような笑顔
困ったような笑顔
じらすのを楽しんでいるような笑顔

おどけた笑顔

谷先生は、メッセージを伝えることのできる多くの表情豊かな笑顔を持っておられるのだ。

車のセールスマンとして日本一に輝いた原一平と言う人が、「笑顔十徳」ということを提唱している。

その10番の文章である。

10　多くの笑顔を自分のものにすれば、相手の心の状態を知る手がかりとなり、相手の笑顔が何を意味するのかを洞察することができるようになる。

参観させていただいた谷先生の笑顔は、私の感覚からすると微笑みに近い。微妙なニュアンスを伝える微笑みである。相手の心の状態にあわせ、自分の感情をコントロールした微笑みである。谷先生の微笑みから、私が感じられた子どもとのメッセージを記してみたい。極めて主観的な記録になるがお許しいただきたい。

①社会の作業指示の場面

【8：58】

T　このページあけなさい。
　　Rくん、Yくん

とても柔らかい言い方。
微笑みと共に片思いをしているかのように子どもの名前を読む。

先生は、Y くんや R くんができるように気になるんだよ。
（私が感じた微笑みメッセージを、点線の枠内に記すことにする。）

R くん、Y くん、先生の言うことを聞いていませんでしたね。きちんとやりなさい。というような叱責メッセージは含まれない。
さらに R くんの席の近くに来て確認。
「このページでてきている？」
自分の資料のページを見せながら、R くんの様子を見られる。R くんができるようになると、にっこりと微笑まれた。

そうだよ。よくできたね。

シャワーのようにほめ言葉をかけなさいといわれるが、谷先生のほめ言葉はそんなには多くない。微笑みが、言葉の代弁をしているからではないだろうか。
セミナーで谷先生の模擬授業を受けられた N 先生が、
「谷先生のほめ言葉は多くないよね。」
と、私に感想を言われたことがある。谷先生は、言葉を削りなさいと言われる。ほめ言葉も吟味しないといけないのではないかと感じる。
私は、「天才」「すごい」「上手」「よくできたね」「スーパー○年生」などの言葉を吟味もせず多用していたことがある。
教室にはざらっとした浮ついた空気が漂った。私がわざとらしい言い方をしていたせいである。谷先生を見ていて、微笑み、特に目の表情で相手を認める、ほめるということはできるのだと感じた。

【9：08】

T　次のページをあけなさい。

（読む活動が入る。）

T　Rくん、今どこを読んでいるの。

谷先生の微笑みメッセージが届く。

Rくん。今読むところが分かっていなくて困っているんじゃないの。先生は、心配しているよ。

このとき、Rくんは全く違う部分を適当に指で押さえていた。Rくんは、指で押さえる動作をとにかくしておかないといけないと考えたようだ。ペアをちらっと見ながらである。

谷先生は確認にRくんのところに来られた。そして、ここだよと確認された。この時も微笑んで。

Rくん、ここだよ。分かってよかったね。

②国語の時間　社会ノートが出ているC君への指導

【9：30】

T　漢字スキル4。簡単だな。丁寧に書いていきなさい。

Cくんの机の上には、前の時間の社会ノートがでたままになっている。社会ノートに、トレーシングペーパーで写した図をはるように指示してあった。C君の図はくしゃくしゃになっていたようだ。

谷先生は、微笑みながら近づかれた。くしゃくしゃになった図をていねいにのばした後、ノートを預かられた。

あれっ、こんなになってしまったんですね。しょうがないなあ。
先生がのばしておいてあげるよ。

言葉かけはなく、苦笑にちかい微笑みのみであった。

谷先生の苦笑に近い微笑みで思い出すことが私にもある。例会終了ちかくに会場に着き、模擬授業をさせていただいた時。模擬授業中、谷先生のストップがはいっているのに、もう少しさせてくださいとお願いした時。

谷先生は、微笑んで

もうしかたないですね。させてあげましょう。

と言うメッセージを私に届けられたように感じた。

私は、ほっとしたことを覚えている。例会運営上の妨げになることだからである。谷先生からみんなの前で困ったメッセージを言葉として言われていたら、私はちょっと傷ついていたかもしれない。

また、谷先生がそのような申し入れを受け入れられない方と私が思っていたなら、私も当然そのようなことを言い出しはしない。

谷先生の微笑みは、様々なメッセージをとても柔らかい形で相手に届けている。谷先生の微笑みは、人と人との間を非常に安定した穏やかなものとする働きをしている。例会で、谷先生は厳しさと切れるようなシャープさを全てやわらかな微笑みで包んでしまって会員全体に届けられているのである。

一緒に参観させていただいていた槇原先生が、しきりに

> 谷先生は、セミナーでも、例会でも、教室でも同じ姿ね。

と言われていた。

私も同じことを感じていた。

時々、子どもを相手にしている時と、大人を相手にしている時の感じが全く変わるという方もおられる。私の中にも、そのような部分がある。子どもだからと、大人には言わないような高圧的な言い方をしてしまう時がある。

統率する威厳ではなく、ただの傲慢にしかすぎない。谷先生の柔らかな微笑みをみながら、教室での自分の姿が思い起こされ、ちくちくと胸が痛んだ。

③放課後

まだパソコン室うしろに残っているＭくんともうひとりに対しての場面。

> T　こっちに来る（にっこりと笑って）
> C君 いいわ

Ｃ君たちは、照れたような微笑みを浮かべながらパソコン室から出て行った。その姿が、とてもかわいらしく感じた。あっ、谷先生の微笑みが子どもにも乗り移っていると思った。教師の言葉遣いを子どもに乗り移ることがあるように、

微笑みが乗り移っているのだ。
谷先生は微笑んで始終子どもたちに、

あなたのことが好きなのですよ。かわいくおもっていますよ。

とメッセージを届けられていたのだ。
片思いしているかのごとく。

❷ 谷先生の笑顔が空気をつくる

「笑顔は練習するものです。」
谷先生から教えていただいた数々の言葉の中でも、ことに印象深い。笑顔を練習するという発想が私にはなかったからだ。自分の笑顔は、自分には見えない。鏡を見て練習する。自分の笑顔が相手にどのように映っているのか、そのことが意識できる。
セミナーでもサークルでも、練習によって谷先生が獲得された誰もがさわやかだなあと感じる「笑顔」が、会場の空気をつくっている。谷先生の知的なお話を、穏やかなベールのように笑顔が包み込んでいる。谷学級を参観させていただいて同じ事を感じた。
学級の空気は肌で感じるしかない。谷学級の空気を吸わせてもらったのは、くらくらするぐらいの幸運だった。谷先生の口調は静かで柔らかかった。谷先生の笑顔と調和している。知的な学びの活動の空間を、谷先生の笑顔が穏やかに包み込み、空気をつくっている。

①子どもたちがノートに自分の考えを書いている場面。
谷先生は、机間巡視をされた。そして、姿勢を正されていった。そのときも笑顔だった。私も、スキンシップをとりながら子どもたちの姿勢を正すことが

ある。でも、笑顔でしていなかった。子どもたちと目を合わせていないときもあった。あたたかさが違った。

　ある子どものノートを見ていて、谷先生は、「あーあー」というような笑顔をされた。その子どもも笑顔で谷先生に返していた。子どもと谷先生とのつながりを感じた。廊下から見ていたので、何いついてなのかははっきりしない。私なら、注意するような場面だったのかもしれない。

②指名なし討論の場面。

　谷先生は、教室前の中央の児童用机に座られた。そして、ひとりひとりの発言を笑顔でゆったりと聞かれていた。時折、赤鉛筆で少しメモをされていた。安心して子どもたちが発言していた。

　私は、指名なし討論では、あわただしく子どもの名前と内容のメモをしていた。自分のメモにばかり気を取られていた。私には、子どもたちを包み込む笑顔がなかった。

　谷学級では、子どもたちの中でユニークな意見がでた時には、受けとめた子どもたちがあたたかな笑い声をさざなみの如くたてていた。これは、谷先生が子どもたちにされていることを、そっくりそのまま子どもたちがお互いのあいだでしたことだろ。ある子どもの発言のおり、おかしいなというような反応が周囲にあった。

「まちがえてないよ、あってる、あってる。」

と、すかさず、その子どもに向かって谷先生は笑顔で声をかけられた。谷先生は、始終、子どもたちをかわいくてたまらないように笑顔で包んでおられた。

❸ 鍛えられた子どもたち

①聞き取る

　谷先生の声は、語尾まで明瞭でよく通る。大きな声ではない。むしろ、小さめの声である。廊下にいた私には、谷先生の声より、携帯電話で学校と連絡をとられていた先生の声のほうが耳に響いた。

谷先生の声を子どもたちは、1回で聞き取っているようだ。聞き返す子どもがいない。指名なし討論の時の子どもたちの声も、大きな声で言っているわけではない。けれど、聞き返す子どもがいない。

発言をきちんと聞いているであろうということは、子どもたちの表情から分かる。笑ったり、えっといふうだったり、うなずいたりしている。また、谷先生が、ご自身で探されてきた資料を読まれるスピードがすこぶる速い。

子どもたちは、そのスピードになれているらしく、違和感がない。

②討論する

授業の半分ほどを、指名なしでの討論がしめた。谷学級の子どもたちは、自分たちで話題をつなげたり、転換したりできるのだ。だから、討論が長く続く。

谷先生は、意見のはじめに賛成か反対か立場をはっきりさせるように話し方の指導されていた。子どもたちが皆、そのように話すと意見がききやすいものだ。討論後、評価があった。

まず、意欲に対する評価である。

発表した人手をあげてごらん。りっぱです。

発言しなかった子どもたちは、次の機会にともかく何かいおうという気になるだろう。私が指名なし討論の模擬授業を受けた時がそうだった。発言すれば、立派だとほめられるのである。何もいえなかったときは、次、勇気をだして言おうと思った。

何かいえた時は、思いきって言えた自分が嬉しかった。内容は、別としてである。

さらに、

だれか、友だちの意見をつなげていった人はすばらしい。AA（優良）

と、討論をつなげる発言の仕方についての評価があった。

そのうえで、つまり、最後に、内容面での評価があった。

みんなの意見は、思いつきなのですね。

子どもたちの発言を、「思いつき」という言葉で評価された。「思いつき」という言葉で、着想は面白くても、いい加減な考えであることを匂わせておられるのだ。谷先生の言葉づかいの巧みさを感じる。

続けて、調べてきた資料から発言した子どもたちの名前をあげ、その内容を具体的にほめられた。

谷先生は、この子たちの発言をメモされていたのだと分かった。

やみくもにメモをとっていたのでは駄目である。

次の指名なし討論の機会には、子どもたちは、友だちの発言をつなげ、調べてきた事を根拠に意見を述べたいものだと考えるだろう。

③しなやかな動き

谷学級の子どもたちは、雑音をたてない。子どもたちは、発言時に立ったり座ったりする。その時、椅子をひいたり入れたりする時の音がかすかだ。

また、指名なし討論の為、机の向きを変える。そして、元に戻す。この時も、静かな音がするだけである。

サークル例会での模擬授業で、谷先生が、

（先生がたてる）音が気になります。

と言われる事がある。

谷学級の子どもたちは、不用意な音を立てない。子どもたちの動きはしなやかで、丁寧である。このこともまた、谷学級が落ち着いた知的な空気をかもし出している一因である。

あっているか、ちがっているかは問題ではない。問題なのは、どういう理由を考えたか、どんなふうに自分は考えたかという事が大切。

学びの要は、自分自身の考えを形成していく事なのだ。何か、私にむけて言われた言葉のような気になった。資料を読む。人の話を聞く。そこから自分で考えなければいけない。

谷先生も、そのようにご自身の考えを作られてきたのだろう。谷学級の子どもは、谷先生と一緒に、日々自分の考えがもてるように学んでいっているのであろう。要となる言葉を、子どもたちに伝えられた谷先生の姿に、私は憧れる。

3　やんちゃ君への対応術（溝端久輝子）

❶ 2時間目国語

後ろの方の席の児童が後ろを振り向き、何か話していた。教科書の１文を写しなさいの指示の時だ。ふざけている様子ではない。しかし何をしているのかな、と思った。

谷先生はすかさず、近づき、「もう書けたんですか」と質問。

まだ書けていないなら後ろむいたらだめでしょう、と注意。

先生が指示したことに反応するようにするためには、このような小さなことも見逃さないのか、と思った場面であった。

❷ ずるをした時は見逃さない

6時間目はパソコン教室へ行く。5時間目が押したため、帰りの用意をした人から移動。しかし、1名が速く行きたいために、帰りの用意をしないでパソコン教室へ行った。やんちゃなRくんだ。みんなが移動する中、最後まで残っていたのがふたりのR君。私たち九人の参観者と谷先生がいるなかで、ふと気がつくといなかったのだ。谷先生は「あれ、もう行っちゃったの？」といいながら、ランドセルが机の上にないことを確認されていた。

もうひとりのR君と一緒にみんなのいるパソコン教室へ移動。

教室に入るなり、やんちゃなR君の席に行き、

今から先生は上に見に行きますが、できたんですね。ランドセル机の上に用意できているんですね、先生、上に行って確認してきますけれども自信あるんですね。もしできてないならみんな帰ってから残しますけど。

と言われた。R君は仕方なさそうに教室に戻っていった。私なら、見落としている場面だろう。ずるを見逃さない、やんちゃを上回るとはこのようなことか、と言うことを見せていただいた。

❸ 時には見逃す

Rくんは色塗りなどの作業が苦手で雑なようだ。

Rくんが社会科のノートを持ってきたときだ。同時にもうひとりも持ってきた。谷先生はにこにこしながら、二つのノートを見比べて何も言わず、そのままR君に見せた。丁寧なノートとそうでなかったノートだったのだろう。R君

はしばらくじっと見た。無言。谷先生がノートを見比べる。何か言いたそうだが言わない。

もう一度R君に見せる。

R君　　　「見比べてもいっしょや。」

谷先生　　「なるほどね。」

これで良しとしたようだ。

❹ できた時に励ます

算数の時間。小数。リットルますに色塗りをする作業。教科書に色を塗って持ってきなさい、と言う指示があった。R君は持っていくのは速い。

谷先生に見せると、

「何言われると思う？」といわれた。塗り方が雑だったのだろう。

それ以上は言われないが、ダメだと言うことは今までの学習でよく分かっているのだろう。

R君は何も言わず、もって帰り、やり直した。

二度目に持っていったとき、谷先生は「できるじゃないか、ちゃんと」とほめていた。

❺ 学び

やんちゃ君へは、ずるをしたときを見逃さないことが大切である。ここを押さえられないようではなめられる。

しかし、学習面では、雑なところが多少あっても、おおらかによしとする所がいるのではないか。すべてをきっちりさせようと思うと、相手もいやになる。教師が良い、悪いとする判断基準を明確に持ち、譲らないことが大切である。谷先生の行為を見て、新たに思ったことであった。

4　信頼関係がつくり出した教室（水田孝一）

❶ 谷学級の日常風景

私が到着したとき、滝野南小はちょうどお昼休みだった。一刻も早く、憧れの谷学級を見たい。さっそく教室へと向かった。教室にはすでに参観者が十余名。そして、谷先生と数人の子どもたちがいた。大半の子は、運動場へ遊びに行っているらしい。教室に残っている子を見ると、谷先生と話をしている子、本を読みふけっている子、友だちと談笑している子、漫才のネタ合わせをしている子――、思い思いの過ごし方をしていた。ただし、どの子にも共通して言えるのは、しっとりと落ち着いた雰囲気で過ごしていること。「ここが自分の居場所なのだ」という安らぎが、谷学級の教室には感じられた。

そのうちに、係の子どもたちが「漫才」を見せてくれた。これがすごいのなんの。きちんとネタを覚えているのはもちろん、ボケとツッコミのタイミングも抜群である。かなりの練習を積んでいるのが分かる。さすがは谷学級、「裏文化」も一味違っていた。

これ（漫才）見たから、もう帰ってもいいよね。（笑）

と谷先生が冗談を言ったが、思わず納得しそうになってしまった…。

予鈴が鳴って、外にいた子どもたちが続々と戻ってきた。この頃になると、いつの間にか谷学級は黒山の人だかり。驚いた顔で教室に入ってくる子どもたち。以前担任だった先生が来られていたようで、子どもたちは明らかに興奮していた。その様子を見てのアドリブだったのだろうか、それとも予定のうちだったのだろうか。なんと谷先生は、子どもたちを前に集めて歌唱指導を始められたのだ。社会科の研究授業の前に、歌唱指導をする。自分には、その発想のかけらもなかった。興奮していた子どもたちが、歌うことで発散できたのか、普通の状態に戻っていくのが感じられた。これもまた、谷先生の名人芸だと思った。

❷ 指名なし討論にみた驚きの光景

谷先生らしく柔らかい、しかし毅然とした言葉で授業の開始が告げられると、教室の空気が一変した。「伊藤博文は日清戦争に賛成だっただろうか、それとも反対だっただろうか」というテーマで、「指名なし討論」が始まった。途切れることなく、次から次へと流れるように討論が進んでいく。心地よい授業のリズムを、子どもたちだけで生み出している。谷先生はにこにこと笑顔を浮かべたまま、一言も口を差し挟まない。だからこそ、子どもたちはリズムよく発表できるのだ。私はというと、子どもからよい意見が出るとつい反応してしまったり、分かりにくい発表は聞き返したりと、自分が喋ってしまっている。谷先生と子どもたちの姿を見て、それがリズムを崩してしまうのだと痛感した。

さらにその指名なし討論の中では、私にとって驚きの光景が、次々と繰り広げられた。

■シーン1

仲のよさそうな女の子同士が、目で合図を交わして、発表の順番を譲り合っているのが分かった。ふたりの和やかな笑顔から、私はてっきり同じ考えの子ども同士で譲り合っているのだと思っていた。すると驚いたことに、ふたりの意見は正反対のものだったのだ。

「わたしは、○○ちゃんに反対です。なぜかというと――。」

笑顔で譲り合い、そして真っ向から正々堂々と反論を浴びせていく。ゲームの駆け引きを楽しんでいるような雰囲気がとても知的で、素敵に感じられた。友だち同士が信頼し合っているからこそ、このような真剣勝負が生まれるのだろうと思った。

■シーン2

Yさんという女の子が、発表の途中でつまってしまった。緊張してしまったのだろうか。そのとき彼女は、迷うことなく谷先生の方を見た。背中からだったので、彼女の表情は分からなかったが、すがるような気持ちの中にも、谷先生なら何とかしてくれるという、安心感があったのではないかと思う。谷先生は、包み込むような笑顔でYさんを見つめ返して、たった一言だけおっしゃった。

「陸軍大臣？」

それだけだった。その一言だけで、Yさんはペースを取り戻し、後の発表を見事にやり遂げたのだ。このような教師と子どもの信頼関係は、一体どうやって築かれるのか。谷先生は、Yさんの言いたいことを的確に把握していたのはもちろん、満座の観衆の中、たった一言のさり気ないフォローで、Yさんを立ち直らせたのだ。

谷先生の名人芸は、教材研究の深さ、授業の組み立て方、語りの上手さなど、授業技能が優れているのはもちろんだが、それらはすべて、子どもたちへの溢れるほどの愛おしさに裏打ちされていることを実感したワンシーンであった。それは、谷先生が師匠と仰がれる向山洋一先生も、また同様である。子どもと教師との高度な信頼関係が、素晴らしい授業を生み出していくのである。私にとっては、遥か遠くにかすんで見える高い峰だが、少しずつでもその境地に近づけるように登っていきたいと思う。

❸ 帰り道にて

滝野南小学校を出て車を走らせていると、沿道に谷学級の子どもたちが数人並んでいた。男子と女子が仲良く話しながら、こちらに向かって笑顔で手を振っていた。窓を開けると、

「ありがとうございましたー！」「さようならー！」

との声。時計は4時半過ぎ。「7時間目」に相当する授業を終えたあとである。どっと疲れているはずなのに——。授業も、礼儀も、心の豊かさも、よく鍛え

られた素晴らしい子どもたちであった。清々しい気持ちで、胸がいっぱいになった。

5　予想をはるかに超えた知的文化（堀田和秀）

❶ 信じられない

「何だ、この学級は……」

開いた口が塞がらなかったとは、このことである。谷氏の学級である。素晴らしい学級であることには間違いない、と思っていた。しかし、谷学級の文化は、私の想像をはるかに越えていた。

❷ 谷学級の素晴らしさとは

①男女の仲が、とてもよい

教室の中に入った瞬間、その雰囲気は伝わってきた。6年生の学級である。6年生ともなれば、男女が一緒に何かをしようとする雰囲気は薄れてくるものである。しかし、谷学級は違った。男女の仲が、すこぶるよいのである。

男子と女子が一緒に漫才の打ち合わせをしたり、男子と女子が一緒に漫才を見たり、男子と女子がぎゅっと集まって歌を歌ったり……しかも、その行為に不自然なところが全くないのである。みんな、自然にやっている。学級経営がうまくいけば、男女の仲がよくなるとは聞いていたが、これほどまで素晴らしいとは思っていなかった。驚愕である。

②合唱の声が、とても大きく素敵

私の知っている6年生は、合唱のとき、ほとんど声を出さない。今にも消え入りそうな声でしか歌わない。だから、私は「6年生とは歌を歌ったりするのが恥ずかしい時期なのだ」と思っていた。しかし、その考えはこの日の谷学級を参観させていただいた時に覆された。

谷氏が、子どもたちをオルガンの周りに呼ぶ。次の瞬間、谷氏の合唱指導が始まった。曲は、「翼をください」。子どもたちは、一斉に声をそろえて歌い始めた。その声は、6年生とは思えないほど大きく、素敵であった。特に、普通なら声を出したがらない女の子が、楽しそうに大きな声で歌っていた。

このような6年生を今まで見たことがなかった。谷氏の学級経営の素晴らしさを物語る一場面であった。

③学級全体の知的な雰囲気が高い

このことを感じたのは、教室に入ってすぐに始まった『漫才会社の漫才』である。ふたりの漫才を聞いて、大人の私が大笑いしてしまった。いや、私だけではない。周りの先生方も笑っておられた。つまり、笑いのレベルが高いのである。普通の学級でお遊び程度にやっている漫才とはレベルが違うのである。

まず、ネタの内容が半端ではなくおもしろい。子どもが考えられるネタとは到底思えなかった。後で谷氏に聞いた話であるが、漫才をしたふたりは、テレビ番組で見た漫才のネタにアレンジを加えてやったそうである（修正追試ということになる）。

そして、何と言ってもリズム・テンポがよい。ボケとツッコミの絶妙の間が何とも言えずおもしろかった。きっと、テレビ番組を何度も何度も繰り返し見て、セリフを覚え、その上でネタ合わせをしたのだろう。その努力が目に見えるようであった。

❸ 谷氏の笑顔

なぜ、このような子どもの事実が生まれるのか。たった1時間だけの参観で、その全てが分かるわけではない。

しかし、その一端を垣間見ることはできたような気がする。それは、

谷氏の、子どもを包み込むような笑顔

である。

教室で子どもに接しているときの谷氏の表情は、常に笑顔であった。その笑顔は、自然であり、まさに子どもを包み込んでしまうような温かい笑顔であった。きっと子どもたちは、その温かい笑顔の中で明るく、自由に、のびのびと生活しているのだろう。教師の笑顔とは、子どもを生かすのである。

以前セミナーで、谷氏が笑顔の練習を欠かさずやっていた、ということを伺ったことがある。これほど、自然に温かい笑顔を見せることができる谷氏でさえ、笑顔の練習をしていたのである。

私のような未熟な教師は、もっと修業を積まなければいけない、と感じたそんな1時間の参観であった。

6　プロ教師術15の学び（桑原和彦）

ついつい教師は、子どもが揃っていないと始めることに躊躇する。（職員会議でも同様である。）揃ってから始めないと、二度手間になり、進行がバラバラになる等の理由からだ。それはいわば、教師の都合である。教師が授業をこのように進行する都合上、全員が揃っていないと始めることができないのだ。

しかし、である。谷氏は違う。教室に、数人しかいなくとも授業に突入するのだ。その迷いの無さは、実に潔い。それは、準備し、時間に始まれるように待っていた児童にとっては何よりも嬉しいことである。

❶ 待たない

そのような場面が、1日の中で多々みられた。

①リコーダーを出しなさい。

10秒後には前奏開始。リコーダーを机の中に用意していた子は最初から演奏できる。ロッカーに入れていた子は慌てて取りに行く。

②各係の代表立ちなさい。…待っていられないので後回し。

係の報告をさせる場面。『○○係、20号です』のように言わせる。
しかし、枚数を確認していない係は飛ばされ、後回し。急いで、壁にはっている新聞の枚数を数えに行った。

③漢字スキル。12続き。

さっと準備できる子は素早い。つまり机の中のしまい方も考えている子が早い。漢字スキルが机の中の上の方に配置されているのだ。どこに入れたか分からない子は探しているだけで遅れていく。

遅い子に合わせるのではなく、待っている早い子に合わせるのだ。

このような行為を続けることで、子どもたちは自然と始まりを意識していく。『もうすぐ始まるから次の用意をしよう』と構えができてくるのだ。こうした子が増えていくことで、全体に波及していく。
また、教師の行為も変化してくる。子どもたちは全員揃っていない状態で、どんな発問・指示をだしたらよいかと考えなければならない。助走の問題を解かせたり、音読をさせたりする。そうして、あとから来た子に対応していくのだ。その点を含め、谷氏は実に見事であった。

❷ 即対応する

教師なら、次のような場面は日常茶飯事である。

> ①催し物などの案内チラシの配布
> ②応募作品の参加賞渡し
> ③賞状渡し

これらの処理をどのようにしているだろうか？

朝の会や帰りの会でまとめて渡す人も多いだろう。あるいは、連絡帳を書かせる時に一緒に渡す人もいるだろう。または、そんなこと考えたことはないという人もいるかもしれない。

谷氏はどうであろう。1日の中で、このような場面が2回あった。賞状及びトロフィーと参加賞渡しである。

> **その場で即渡していた。**

1回目の賞状及びトロフィーは、全校朝会時にもらったものであった。そこで教室に帰るとすぐ朝の会の中で渡していた。これは私でもやると思った。

しかし、である。2回目の参加賞渡しは、3時間目の算数が始まる前に行ったのだ。丁度、その前の休み時間に職員打ち合わせがあった。そこで、書道展の参加賞を配布するよう谷氏は学級分をもらったのであろう。それを10人程度であろうか、算数の始まる前に渡したのである。私なら、「大事な算数だ。渡すのは給食の時とか後にしよう。」とするだろうと思った。谷氏もその選択肢はあったにも関わらず、すぐ配布をした。これが違いである。

配布できる物は、即渡すのが鉄則なのだ。それが仕事を溜めない仕事術にもつながるのだろう。ついつい後で…となると、渡すために時間を生み出したり、渡すのを忘れてしまったり、実はロスの方が大きいのである。

新鮮なうちに、すぐに対処することこそが、円滑に学級を経営していく秘訣なのである。

もらった子は、瞬間喜んですぐに授業へと切り替わっていた。これを時間をとって渡していたら、きっと中味の話や比べっこ等をして、大きな時間ロスにつながっていたに違いない。

このような些細な場面にも、谷氏のプロ教師の技を見ることができた。

❸ 個への指示を全体に波及させる

1日の中で、個別指導をする場面は多々ある。それを、その子だけの指導にするか、全体への指導にするかは、雲泥の差である。その子だけの対応だとすると、極端な話、30人学級なら30回指導しなくてはいけない。

谷氏の個別指導で、プロの技を見た。

リコーダー演奏の場面である。谷氏が、ギター伴奏をして、子どもたちがリコーダー演奏をする。その演奏中のことだ。A君が、リコーダーの音が出ないことを気になりだし、ついには、リコーダーを分解し始めた。その行為を、谷氏はもちろん見逃さず、視線を送っていた。にも関わらず、A君は、最後まで分解・組み立てを繰り返していた。そして、演奏が終わる。ここで、谷氏の個別指導が入るのだ。

指導法にも多種あろう。考えられる方法を挙げる。

①その場に立たせて、指導する。

②前に呼んで指導する。
③軽く注意だけする。
④後で呼んで、1対1で指導する。
⑤きつく叱る。

などであろうか。
谷氏は、このように言った。

演奏中は、笛を直さないでください。

A君を立たせたり前に呼んだりせず、すぐに言った。叱るというような口調でもなく短い指導であった。A君は、分かったというぅなずきを見せた。
しかし、この指導はA君のみに指導したのではない。演奏中は、吹けなくなった場面に遭遇しても笛を直してはいけませんという全体指導をしたのである。個の指示を全体指導に波及させたのだ。
しかし私が、全体指導をしようとすると、きっとこうなるのではないか。「演奏中は、笛を直さないでください。みなさんも、A君のように直してはいけませんよ。気をつけてください。」これでは、A君をやり玉に挙げることになる。優しくない、押しつけがましい指導に感じる。
そこで谷氏は、言葉を削り、さりげなく全体を指導したのである。

❹確認するだけで指導をする

指導をする＝教師が話をする　とだけ捉えていないだろうか？そうではない指導があるのだ。
谷氏は、係活動の場面で、その指導をしていた。その場面を紹介する。

「各会社（係）の代表者、起立。」
○係　○○号です。「はい。」
○係　○○号です。「はい。」
○係　○○号です。「はい。」（以下続く）

通常なら、この報告の後、何かコメントや指導をし、活動が停滞している係へ渇を入れたりしがちである。

谷氏は、どうしたか…。驚くことに、何もコメントしないのだ。子どもたちのコメントに「ハイ。」と応えるだけなのだ。全部の係を発表させてから、続けて、このように言った。

「今から、7分間ぐらいあります。打ち合わせとか作業の続きをしなさい。」

指示をしたのみである。ということは、指導はしていないのか。

いや、していた。各係に報告をさせること、その行為＝指導なのである。子どもたちは、報告を通して、他の係と客観的に自己評価した。これで、「もっとやらなくては。」「なかなか良いペースだ。」などと確認できたはずである。子どもたち自身が気づいたことで、教師の指導は終わっているのである。

確認をするだけで、指導を終えることができる。

この名人芸といえる技を、目の前で見た衝撃は相当であった。

その後、時間を7分間あたえることで、子どもたちは報告から感じたことをすぐ行動に実行できるのである。だからこそ、教師が何も言わなくとも、子どもたちは自ら動くことができるのだ。

これは、単なる言葉を削るという指導技術にとどまらずに、子どもたちを育てる大きな視野に立った高段の技術である。

我々は、子どもに力をつけさせ、自ら学んでいく子を育てなければならない。逐一、教師が言葉で指導していては、子どもにグンと伸びるであろう力をつけさせることはできないのだ。

❺一言と確認で清掃活動をチェック

週明けで、清掃箇所を変えて子どもたちは掃除をした。掃除に入る前に谷氏はこう子どもたちに告げた。

今日、そうじ場所　かわります。様子を見ます。

「様子を見ます。」という一言が、含みがあり緊張する。ちゃんとそうじをしていることか？身支度を整えていることか？思考が錯綜するであろう。予想するに、普段は言わないであろうこの一言が、自ずと子どもたちに緊張感を生み出すことにつながった。

掃除中。谷氏は短く声をかけたりしながら分担箇所を足早にまわっていた。告げたとおり、その様は「様子を見る」という行為であった。

以前、谷氏の講座で「掃除の様子をビデオに収める」という話を聞いた。それを思い出していた。谷氏が、掃除分担箇所をまわりながら、子どもたちの清掃活動をビデオに収めていたのだ。子どもたちには、「このビデオは保護者会で、お家の人に見せるために撮影しているからね。（文責：桑原）」と告げていた。これでは、子どもたちは手を抜けるわけはない。真剣に少し楽しみながら掃除をしていた。

このように、一言で掃除活動を円滑にさせる技術に驚いた。

掃除終了後。教室に戻り自分の席に着いている子どもたち。その前で、谷氏は、まず確認をした。

全員起立。
今日の掃除で良くできた人、座りなさい。
（立っている人にひとりひとりに理由を聞いていく）

その後、このように告げた。

今日は、ほとんどのところが良くできていると思ったのだが、まだ詰めがあまいということか。

教師の評価より自己評価の方が厳しい。子どもの質が高いことを痛感した。そして谷氏らしさを感じる一言。明日の掃除は間違いなく上手になるはずだ。

❻ 短い指示

向山洋一氏による授業原則十カ条（向山洋一著　「授業の腕をあげる法則」明治図書より）の第三条は、簡明の原則である。

指示・発問は短く限定して述べよ。

谷氏の指示・発問は、本当に短く限定されていた。だからこそ、子どもたちが安心して活動できる。授業にもリズムとテンポが生まれるのだ。

以下に、谷氏の指示・発問を紹介する。

①片づけます。
②マイコンピュータ
③座って待っていなさい。
④第一陣！
⑤時間はいくらでもいいですけど、できた人からパソコン教室に行きます。
⑥表だけやります。
⑦連絡帳まだ書けていない人立って。
⑧小さいおかずをおかわりした人に、じゃんけんの権利があります。
⑨楽器の場所に行きます。音を立てないで。
⑩下の人ね。ピアノから遠いんですけど、非常によかったですね。がんばったよ。
⑪ 4時間なら、どんな式になるのですか。たてにそろえて書きなさい。
⑫もう一度、やり直しです。
⑬ちがった人、なおしなさい。
⑭ 25ページ。分数でわる計算　しかくの一番。
⑮先生から見て、いくらなんでもきたないと思った人は、書き直してもらいます。
⑯五番目までできた人は持ってきます。
⑰ 4時間目までに用意しておいてください。
⑱百人一首をします。

「言い切る」ということがポイントである。しかし、その口調は温かい。そう感じるのは、谷氏は終始笑顔で指示・発問を出すからである。しかし実際に見ないと文面からでは伝わらないであろう。セミナー参加をお勧めする。

❼ さっと終わらせる

リズムとテンポを生み出すために、もう一つの技術がある。

さっと速やかに終わらせる。

谷氏の授業がスマートだと感じるのは、この点が大きいと分析する。

これは、次の活動の指示を躊躇せずに出すことで、前の活動を引きずらせないのである。短い指示だからこそ伝わるのはもちろんである。だから、子どもたちはさっとその活動を終わらせようとするのだ。

このような切り替えが早いと、授業にリズムとテンポが生まれてくる。逆に、もたもた片づけたり準備したりしていると、雰囲気がだれてくるのである。中には、そういう子もいよう。しかし、その子はごく少数なのだ。その他大勢は、そのテンポについて行けるように鍛えられているのだ。ここを間違って捉えてはいけない。

係活動をしている。そこで

谷氏	「はじめます。」「漢字スキル。１２続き。」
子どもたち	「えっ⁉」「５分休みは？」
谷氏	「終わったよ。」
子どもたち	「えっ⁉　知らんかったよ。」
谷氏	笑顔で繰り返す「はい。１２。続き。」

子どもたちは「えっ！？」と声を出しながらも手が動いていた。ものの1分で、係活動でにぎやかだった教室がシーンと静まりかえった。この切り替えの速さはその目で見ないと分からないであろう。

つまり、教師のさっと終わる行為は、子どもたちの行動にも波及してくるのだ。子どもたちが鍛えられているとはこういうことだ。教師と子どもが1時間1時間の授業の中で、繰り返しこのような短い指示でさっと取り組んでいくことで、行動様式が擦り込められていくのである。

この後、5分休みも取らず係活動に熱中していた子どもたちに、算数時間を早く終え、多めに休み時間をとる場面があった。こうした行為が教師と子どもたちの信頼関係を強めていくのだと感じた。

❽ 常に笑顔

谷氏は、TOSS授業技量検定の最高段位十段の実力者である。(平成29年度現在)

A表評価項目

1	授業の基本	10点
2	教材の選択(意味ある教材を)	10点
3	教材のポイント(その教材の本当のポイントを示しているか)	10点
4	授業にのめり込むリズムとテンポ	10点
5	授業中熱中して思考しているか	10点
6	授業のあざやかな組み立て	20点
7	教育界への新鮮で骨太な問題提起	30点

上記「授業の基本」に、教師の笑顔や目線、温かな対応など盛り込まれている。これらはもう既に身についているというのが、A表の受検レベルである。

実際に教室ではどうなのだろうか?という興味があった。実際に1日参観して、想像を遥かに超えていた。終始笑顔なのである。黙って子どもたちに活動させている時にも笑顔で見守っているのだ。本当に温かな表情で優しいという雰囲気を醸し出している。

目線も、しかりである。子どもたちひとりひとりに送っている。しかも、カチッ、カチッと止まっているのである。

そのような授業の基本ができているから、子どもたちは授業に集中するし、のびのびと生活することができる。何よりも谷学級の子は明るい。全ては、教師の笑顔による学級経営に支えられているのだ。

❾ 基準を示す

国語の時間「うつしまるくん（視写教材）」の実践場面である。送りがなという題材だ。

「5番目までできた人は持ってきます。よーい、スタート。」さっと取り組ませる。すぐに子どもたちはシーンと静まる。そこで、谷氏が基準をしめす。

先生から見て、いくら何でもきたないと思った人は、書き直しをしてもらいます。

この指示により、「ただ書けば良いんだ。」「書き終わればよい。」という捉え方をしていた子は、考えを改めることにつながる。

このように全体の基準を示してから、評定をする。

①とってもていねいだ。
②ていねいに書こうという努力が見られる。
③よし。9番目で続けます。
④よく書いたけど、めちゃくちゃていねいとは言えない。
⑤ 10点満点中6点。

この谷氏の言葉を、何気なく子どもたちは耳にする。聞こえてきた言葉から、子どもたちは更に基準を確認することとなる。だからこそ、教師が意図している方向に進むのだ。

基準を示さずに取り組ませても当然×だ。もっといけない行為は、作業を始めてから、途中や後から基準を示すことだ。これは子どもからの信頼を無くす行為だ。後から示されると、当然子どもたちは「なに～？！先に行ってよ」となるからである。

明確で分かりやすい基準を示すこと。どのタイミングで基準を示すか。

子どもに力をつけさせるための重要なポイントである。

⑩ 休み時間の指示はこうする

向山洋一氏の「子どもを動かす法則」を支える五つの補則の中に示されている。

1　何をするのか端的に説明せよ。

これをしないと、めちゃくちゃになる。こちらの予想を越えどこか行ったり何かしたりする。これらは全て教師の指示が悪いのだ。谷氏の指示である。

この後30分休みになるね。30分休みに今日は体育館を使うことはできません。（この日は雨のため外遊びがない。）
①多目的室に言って静かに本を読んでいようと思う人？

②教室で本を読もうと思っている人？
③多目的室で本を読むんじゃなくて新聞を書いたりそういうことをしようと思っている人？
④教室で新聞を書いたりそういうことをしようと思っている人？
⑤廊下で遊んでいようと思う人？（笑）
⑥階段のところで転がっていようと思う人？（大笑）
⑦それ以外？（質問を受ける）

どこで過ごすか、自己決定をさせ教師は認知しているのだ。しかもユーモアを交えながら。⑤⑥の子がいるはずはない。しかし念のために項目に入れて「してはいけない行為」を全員で確認しているのだ。そして詰めに「それ以外？」と聞くことを忘れない。教師の考えにも及ばない行動を挙げる子がたまにいる。これを全員の前で確認するから他の子にもこうすればよいと示すこととなる。さらに谷氏は趣意説明を入れて休み時間に突入させた。自己抑制を働かせ上級生としての行動様式を確認させるのだ。

雨なのでね。他の学年で暴れたり走ったりする人たちが出てくるかもしれませんが６年生の人は、そういう人を見たら優しく注意して。効かなければ大声で叱ったりしないようにね。静かに６年生も過ごせるようにしてください。

⑪ 介入する

教師が１日の時間を仕切る。

このことは、分単位で意識していないと、その日の予定した項目を終えられない場合がある。その点、谷氏は凄い。分単位ではなく秒単位であった。

谷氏はそのために、余計な時間がかかると予想される瞬間に、ためらわず『介入』をしていた。これには正直驚いた。

〈算数でＡ君が説明する場面での介入〉

谷氏　「もっと分かりやすい方法がある。」（Ａ君が挙手）

谷氏　「もっと分かりやすく言えるんですか。」（Ａ君うなずき話そうとする）

谷氏　「まちがいない？」（Ａ君うなずく）「それ、話短い？」（Ａ君うなずく）

「短く言える？」（Ａ君うなずく）はい。Ａ君。

Ａ君　「1 平方メートルを 10 にわった三つ分です。」

谷氏　「確かに短かった。」

これまた絶妙な掛け合いである。３回も介入している。このような介入場面を授業に取り入れることで、時間はみんなのものと教えているのだ。

⑫ じらす

子どもをひきつける指導技術である。向山洋一授業 DVD シリーズ『2 年豆電球』にも授業冒頭にあった。向山氏が、豆電球をなかなか子どもたちに渡さないのである。その掛け合いの間は税妙である。これは必見である。

（DVD は東京教育研究所で発売　FAX 03-5702-2384）

谷氏も朝の会の場面で「じらす」ことをしていた。クラスでフリーアートで受賞したトロフィーを子どもたちに紹介するところだ。

谷氏　フリーアートのトロフィー（と言って見せる）
子ども うわー、ちっちゃい
谷氏　去年はなかったから。今年からですからね。
　　　滝野町50周年記念フリーアートコンクール　グランプリ
子ども ちっちゃい。プラスチックじゃん。（などざわざわする）

谷氏　…じゃあ、片づけておこう。（箱の中にトロフィーを片づけ始める）
　　　飾らないの。（箱のまま隅にしまおうと歩き出す）
子ども 飾って！（女の子の声）

谷氏　えっ？！（振り返る）
　　　（飾ってほしいという表情を見せる子どもたち）

谷氏　（少しためてから）じゃー飾ろう
　　　（ほほえむ子どもたち）

子ども（飾った瞬間に）よっしゃー！（男の子の声）
谷氏　よっしゃー（谷氏も笑顔で同調する）

じらそうとは最初、谷氏は思っていなかったはずだ。トロフィーを見せた時の反応が良くなかったことから、瞬時に『じらし』を思いついたのであろう。間といい、トロフィーをしまう仕草といい、これまた絶妙であった。

⑬ 子どものやる気を促進する

同僚の教室を研究授業などで訪問すると見かけることがある。『忘れ物表』である。名簿形式で、キャラクターの可愛いシールをはりつけていったりしている。子どものことを考えていない、教師の自己満足的な指導である。

谷氏も子ども名簿を窓にはりつけていた。当然、『忘れ物表』ではない。『暗唱合格表』と『なわとび級表』であった。これははることに教育的意義がある。目に見える形で、一覧にして掲示することで、子どもに確かな力をつけさせることができる。「もっと俺は頑張れる」「次の目標は○○だ」と挑戦意欲をかき立てるのだ。子どものやる気を促進するための手立てなのである。

暗唱合格表の場面を紹介する。

谷氏	真ん中の2列の人で（暗唱テストを）希望したい人だけ立ちなさい。
子ども	立ち上がる。また、暗唱合格表を確認しに席を立つ子もいる。
谷氏	では○○さんいいですよ。どうぞ。
子ども	『ぶらぶらじいさん』を暗唱
谷氏	ハイ。合格。
子ども	名簿に丸つけに行く。
谷氏	次、○○さん。
子ども	『山のあなた』を暗唱
谷氏	あぶなかったけど、合格。

以下、同様に続く。

「暗唱合格表」を見た。17種類の項目があった。始めは「暗唱直写スキル」（光村教育図書）からの項目が並び、続いて「話す聞くスキル」（正進社）の項目も書かれていた。合格率は、平均にすると8割ぐらいになるだろうか。全項目制覇している子も数人いた。さて、このようにしていくと、中にはテストを受けない子もいる。覚えているのに自信の無い子と覚えようとしないやんちゃ子である。その子らのやる気を促進するために、次なる手立てを展開していた。

全員起立しての一斉暗唱

言い間違ったりしたら、着席していく「生き残り形式」だ。どこまで言えるのかという自己評価と暗記数はクラスの中で何位くらいなのかという形成評価ができる。このように教師は次々と仕掛けて力をつけさせるのだ。

⑭ 音楽指導からの学び

指導場面は、大きく三つである。場所は体育館である。

①リコーダー演奏『サボテンの花』
②合唱『あの鳥のように』歌の出だし
③合奏『栄光の架け橋』ゆず
ピアノ・リコーダー・ピアニカ・アコーディオン・木琴・鉄琴・タンバリン・大太鼓・小太鼓・シンバル

まず、これらを1時間の授業中で指導するその組み立てに驚いた。自分ではまずできないと思った。さらにその指導技術。高い指導力が、子どもたちの力を最高に引き上げていることを間近で見た。演奏力は私より上手であった。

よって分析は困難であるため印象に残った指導を紹介する。

①リコーダー
1）パート別に並ばせて、向かい合って並ばせる（感覚3メートルほど）

2）壁際から１メートルほどの位置に、立たせる

②合唱

1）教師の目の前で上と下のふたり組をつくり、互いに聞きあいながら唱う

2）壁際にパート別に並ばせ、パート別歌唱

3）全体歌唱。その時に、合格の子を座らせていく。

4）再び、ピアノ前にギュッと集め、発声指導「さあーこの手で」の「さ」

教師の近くにした1）の指導は、お互いのパートにつられないように互いを聞きあっていた。2）の指導では、遠く離れたパートの友だちに届くように音量を指導した。3）は、上手な子の音声を減らせることで、歌声を出していない子に気づかせようとしていた。自然と歌声をもっと出さなくてはという状況を演出していたのだ。

③合奏

1）全体合奏。しかし間奏の後で演奏を止める

2）間奏部分のずれをパート別にチェック

3）間奏から最後までの全体合奏

4）早くなる所・音が弱い所をパート別にチェック

これが初めて全体練習？！耳を疑った。パート別の練習は１ヶ月あまりと言う。個々の演奏技術を一つの曲にまとめる谷氏の指揮も本格的である。

参考にならないほど、強烈な音楽の授業であった。

⑮ 教室環境に学ぶ

教室の環境はどうなっているのだろうか？特に谷氏の教室なら大変気になる所である。見えた範囲で紹介する。

①書き終わったノート＆去年の子のノートが全部飾られている。

ノートを保管している教師は居るであろう。しかし本棚に整理して並べている人はどれくらいいるだろうか。「勉強の復習にノートをちょっと見たい」という時に大変有効である。また去年の６年生のノートもあった。これも大変参考になるはずだ。お手本文化の一つである。

②文庫に漫画がある。

「三国史」「おーい龍馬」「火の鳥」など有名な漫画があった。休み時間に没頭して読んでいる子もいた。向山氏も言う。「漫画くらい真面目に読まなきゃ（文責：桑原）」

③すっきりとした前面黒板とその周り

当然、黒板には何もはっていない。掲示物も最低限である。よく黒板中央上部に「学校目標」や「級訓」などを掲示しているクラスもあるが、気になる子にはそれすら気になって授業に集中できないのだ。谷氏のクラスは十分に配慮がされていた。

④掲示物

1）直写・暗唱スキル

2）会社の新聞コーナー

3）図工・福祉ポスター（実物ではなくホームページにアップされた物をカラープリントアウトしたもの）

4）五色百人一首番付表

5）習字作品

実にすっきりと掲示されていた。特に福祉ポスターの完成度の高さに驚いた。その他にも貸し出し用の赤鉛筆・定規なども大量に完備されていた。忘れたら自由に借りに行く、自由に削りに行くというルールが確立されていた。

第4章

大学生の質問に答える

I　教師の道

Q1 教師になろうと思ったきっかけ

谷先生が教師になろうとお思いになったきっかけは何ですか？

A1 確実に合格できる教育学部に入学

1 教育学部（教員養成課程）に入学したのは、共通一次試験の成績が悪かったからです。政経の問題が難しかったのです。当初は経済学部志望でした。しかし、ある事情があって、絶対に浪人はしたくなかったのです。それで「確実に入れる」と高校の先生に言われた学部を選びました。

2 大学の授業にはほとんど出席しておりません。

ですから、母校の大学の構内がどのようになっているか、ほとんど覚えておりません。

教師になるとは思っておりませんでした。でも、教員養成系だったので、一応受験したのです。

全く勉強していませんでしたので、通るはずがありませんから、4月から企業訪問をしなければならないなと思っていました。

それが、なぜか補欠で通ったのです。15日遅れの採用でした。

3 このような、非常にいいかげんで不真面目な形で教師になったわけです。今思い返しても、申し訳ないです。

Q2 なぜ教師になろうと思ったのか

なぜ谷先生は教師になろうと思ったのですか。

A2 子どもに接するうち、自分の能力を大きく生かせる仕事として教職もあり得ると思った

次は正直な答えです。

1 卒業したらすぐに、きちんと職をもって自立したかったので、とにかく早く仕事に就きたかった。

2 在籍していた学部は、卒業すれば自動的に教員免許が与えられた。

3 採用試験は補欠だった。

4 大学には、ほとんど出席していなかった。単位は卒業に必要な最低ラインのスレスレだった。卒業式にも行っていない。学生課まで卒業証書をもらいにいった。

5 ただ、学外のサークルで子どもをキャンプに連れて行ったり、子どもを集めてコンサートをしたりする活動を、かなり真面目にやっていた。

例えば、コンサートでは公民館などに子どもを集めて、歌やゲームをやっていた。初対面で学年もバラバラで、保護者もバラバラといるような会場

だった。その中で、最初の数秒であっというまに全員を巻き込むにはどうしたらいいか等、考えていた。

キャンプファイヤーでも、どうすれば子どもたちが全員盛り上がるように仕組めるのかを考えていた。

6 そうした活動で子どもに接するうち、自分の能力をより大きく生かせる仕事として教職もあり得るとは考えていた。

7 4月になって、職がなく、途方にくれて毎日繁華街で友人と飲んでいた時に、「明日、出頭せよ」との電話が、現任の教委からあった。

以上のようなことです。

一口に言えば、「そのような流れ」だったという情けない話です。でも、どんな仕事であれ、なったからには一流になりたいという思いが、強くありました。

Q3 教師になるための勉強とは

谷先生は、大学時代、教師になるため、どのような事、勉強をしていたのですか？

どんな努力や積み重ねがあったのか、自分の大学生活の参考にしたいです。

A3 大学2年の時から、サークルのリーダーとして活動していた

私はほとんど勉強していなかったと思えます。ですから、私の体験は、参考にならないと思います。

1 教職教養は全く、完全に、勉強していませんでした。0％です。

2 様々なバイト（居酒屋の料理人、コンサートの警備員、店舗レイアウト、店頭フェアーの販売員、家庭教師…）をしていましたので、経験を広げる

上で何らかの役にはたったかもしれません。要するに、お金がなかったので、ご飯を食べさせてくれるバイト先で仕事をしていたわけです。

3 子どもたちをキャンプに連れて行くときに、自治的に、自発的に活動させるにはどうしたらいいか、けっこう真剣に考えました。

私は、大学２年の時から、そういったサークルのリーダーでした。キャンプ当日だけでなく、事前から何度も集めて、キャンプをどのように企画・運営するかを子どもたちに相談させたのです。

その際、全生研の「集団づくり」の本や、大西忠治の本を読んでいた記憶があります。子どもたちの中に「核」と呼ぶリーダーをつくろうとしたりしていました。本人としては真面目にやっていたわけです。

充実感もありましたが、一方で「こりゃだめだな、このやり方では」という感覚を持った覚えがあります。

学生時代の私がやることですから、中途ハンパだったのでしょうけど。

4 それとは別に、バンドを組んで、コンサート活動をしていました。これは、今でも役にたっています。音楽を教える時に、感覚的に分かる部分があるのです。

5 でも、本はあまり読んでいませんでした。ゼミにも、全く行っていません。卒論の指導教官は、私に最初会ったとき、「君はもう来なくていい」と言いました。でも、卒論はＡで通してくれました。話せば長いのですが、この教官には今でも心から感謝しています。

Q4 20代の教師修業

谷和樹先生は20代の頃、どのような教師修業を行っていましたか。

A4 今遣っているお金は「自分への投資」である

これも、問いが大きいのですね。でも、答えたいですね。答えると、長くなってしまいます。

一つだけ答えますと、私は次のように思っていました。

1 今遣っているお金は「自分への投資」である。勉強のためなら使ってもかまわない。損にはならない。
2 お金は、正しい方向にさえ使っていれば、どうしても必要なぎりぎりの分だけは必ず与えられる。

このような哲学（言い訳）を、私は自分で作って自分に言い聞かせていたのです。

この二つは、今なら確信を持って信じられますし、それが真実であることを自信を持って言い切れますが、当時は家族への単なる言い訳でした。

要するに、狂ったようにセミナーに出かけ、本を買い、給料を使い切ってしまう時期があったわけです。

もちろん、若い人に同じことを勧めるつもりはありませんよ。家庭が破綻しますから。あくまでも、私の場合です。

Q5 メモはとりますか

谷先生は、よくメモをとりますか？私はメモをとりません。怒られます。

結局メモしても見ないし、話を集中してききたいのでとらないのです。

でも最近は、礼儀の問題と言われて、考えをあらためようかなとも思っています。

A5 メモを後で見る

最近は、ほとんどとりません。じっと聞くことが多いです。

しかし、若い頃は、ものすごくメモをとりました。今でも、当時のメモが役に立つことがあります。

私は、メモを後で見るのです。見るようなメモのとり方をしていたわけです。かなり、詳しく、逐語録的で、図解的でした。

講師の顔を見ながら、うなずきながら、じっと聞くのも礼儀にかなっているのでは？

Q6 読書術

A表、B表になると身の丈ほどの読書をすることが必要だ、とサークルの先輩に教えていただきました。谷先生の『読書術』を是非知りたいです。

A6 同時に読んでいる本が10冊、20冊とある

1 サークルのメンバーには、「『1日1冊』が最低ラインです。」と伝えています。つまり、月に30冊です。これには教育雑誌は含めません。でも、漫画やビジネス雑誌などは含めてかまいません。漫画も大切な情報源です。どうしようのないものもありますが、質の高いものもあります。

　読むのが無理なら購入数でもかまいません。本というのは、手もとに置いておくことに価値がある場合もあるのです。「積ん読」も無駄ではないのです。

2 私は、よく分かりませんが、たぶん月に40～60冊程度を購入し、おそらくその半分以上には目を通していると思います。

3 学生のみなさんは、月に30冊の単行本を買うのは大変でしょうけれども、教員になって給料をもらうようになれば、給料から少なくとも5％や10％の割合を本に割くようであってほしいと思います。

4 教師という職業は、人に知識を伝える仕事です。これまでに何千年もかかっ

て人類が到達してきた英知の一端を、数年間で、洗練された技量で伝えていくことが、その仕事の中心なのです。

そのような知的な仕事を選んだ人は、当然、読書が日常の一部になっていてほしいと思います。

5 1日1冊というと、毎日必ず1冊を読み終えるのか、と質問する人がいますが、そうではありません。

同時に読んでいる本が10冊も20冊もあるのです。

私は家のいたるところに本をおいています。書斎はもちろん、トイレも、リビングも、寝室も、洗面所も、車の中も、かばんの中もです。

6 ほとんどの本は精読しません。精読して、ノートに書き出しながら読みたいような本は、たぶん100冊に1冊くらいめぐりあいます。

7 読書術のことをやりだすと、とまらなくなって、小冊子になるくらいしゃべりますので、これくらいにします。思いつくままに、タイトルだけをザーッと列挙してみますと、次のような感じです。

①向山先生のおすすめの書籍
②向山先生のおすすめの漫画
③向山先生の読書量と読書のスピード
④向山流ドッグイヤーのつけ方
⑤社会科教師が外せない基本書籍
⑥「文章術」だけで何冊くらい読むのか
⑦書評を書く
⑧修業ノートをつくる
⑨速読術を身につけるのか
⑩斜め読みってどんな感じなのか
⑪本棚は整理されているのか。
⑫増えすぎた本をどこに置くのか。

⑬本以外のものも読む。活字媒体は全部読む
⑭読んだことをしゃべるとエピソード記憶になる
⑮ネットで本を買う時の裏技
⑯買ってほしい本は、背表紙が話しかけてくる
⑰行きつけの本屋は自分の書斎と同じ
⑱アウトプットすると、なぜかインプットされる。情報もお金も同じ。
⑲「画面で読む」と「紙で読む」との違い

Q7 最も読み込んだ本

向山先生のご著書の中で、谷先生が最も読み込まれた書物の書名をお教えください。
何回ぐらい読まれたのか具体的に回数も教えてください。
プロの「本を読み込む」術を知り、ぜひ参考にさせていただきたいからです。

A7 「教師修業十年」は数えきれないほど読んだ

おそらく『教師修業十年』。もしかしたら『授業の腕をあげる法則』。
何回ぐらい読んだのか分かりません。数えきれません。

Q8 サークル運営

サークルの運営で気を配っていることはありますか。

A8 通常例会では「時間配分」に気を配る

今の西風は50名を超えるメンバーがおり、通常の例会でも25名から35

名程度が参加しています。ですから、通常例会の当日に私が最も気を配ることは「時間配分」です。非常にたくさんの模擬授業やレポートのすべてを、3時間で検討するからです。

また、様々な運営の仕事の多くはメンバーが分担してくれています。それでひとりひとりも力を伸ばしています。

さらに、通常のサークルとは別にディープサークルを10名程度でつくっています。

サークルでいっしょに勉強してくれる仲間を、たとえひとりでも持てたなら、それは何ものにも代えがたい宝を得たのと同じです。

Q9 日本の教育への夢

谷先生は、日本の教育に、どのような夢を持っていらっしゃるのでしょうか。

A9 向山型の津々浦々までの普及

日本の教育に、ということでしたら、「向山型の津々浦々までの普及」ですね。

向山型の教科書の採択、指導要領への反映…、そういったことを考えるとわくわくします。戦局は、ある瞬間、雪崩のように変化します。

でも、向山先生が、ずっと昔ですが、こうおっしゃったことがあります。

「もし、日本のほとんどがTOSSになったら、俺、TOSSやめたいな」

TOSSをやめて、何か別の動きを立ち上げたい、ということなのでしょう。

向山先生は、挑戦し続ける方なのです。

Q10 出会いの語りは

今年の４月、学級開きで、どのような語りをしたか。

どのような話を学級でしたのかとても気になります。

追試できる力量が伴うか分かりませんが２年後、現場に出た時の参考にしたいと思います。

A10 楽しみで楽しみで眠れませんでした

みんなと出会うのを、とても楽しみにしていました。

どれくらい楽しみにしていたかというと、昨日の夜、楽しみで楽しみで眠れませんでした。

それで、大好きなビールを一杯飲みました。

それから布団に入りました。

でも、明日のことを考えると、どうしても眠れません。

しかたがないので、もう一杯だけビールを飲みました。

それから布団に入りました。

でも、みんなのことを考えると、頭の中がきらきらして眠れません。

だから、やむをえず、おきてきてもう一杯…

ま、そんな話を、去年の６年生にはいたしました。

Q11 子どもと打ち解ける技術は

数秒〜数十秒で初対面の子どもとうち解けられる技術が知りたいです。

A11 技術は本質ではない気がする

それは、技術なのでしょうか。私にも分かりません。実際、私は、通常のクラスであれば、ほとんどの場合、たぶん数十秒で打ち解けていると思います。

それだけでなく、たまたますれ違った１年生とも数秒でうちとけます。出会うたびに手を振ったり、手をパチンと合わせたりしてくれます。

よく分かりませんが、「笑顔」は重要な要素と思います。文章では伝わりにくいですね。

もちろん、「ゲーム」「手品」「一発芸」など、技術といえばそれはありますよ。でも、本質的でない気がします。

Q12 知らないことを質問された時はどうこたえますか

子どもに自分が知らないことを質問されたとき、谷先生ならどう答えますか。

教師が「分からない」とか「知らない」といったら学級崩壊に繋がってしまうのでしょうか。

A12 先生も分かりません

「先生も分かりません。どうやったら分かるのかな。調べ方を考えようよ。」

教師が知らないと学級崩壊になるとか、そんなことはありません。私は、しょっちゅう「先生は分かりません。」「それは全然知りません」などと答えていますが、崩壊していません。

Q13 効率よく授業をするための工夫

谷先生は子どもに興味を持たせ、かつ効率よく授業をするために工夫していることはありますか？教材や進行方法など何でも結構です。

問いが大きいです。自分の考え、あるいは、具体的な教材や進行方法を示した上で、ポイトを絞って質問するのです。何でも結構となると、よけい難しいわけです。

（再度質問）

私は前回附属小学校１年生の授業を参観しました。先生はひらがな一つを教えるのに興味を持たせるためにそのひらがなに関する話をしていました。そうすると子どもたちは次々に自分の知ってることを発言し始めました。興味を持たせることも大事ですが、それで授業全体が遅れいくのはよくないと思いました。

この背景を踏まえた上で『谷先生はどのように効率よく授業を進めていきますか？』

A13 授業は、効率を犠牲にすることもあり得る

私は通常は「ひらがな一つ」を教えるのに、「そのひらがなに関する話」をしません。通常は、授業の冒頭からすぐに「作業指示」をします。

「声に出して読んでごらんなさい」

「指で書いてごらんなさい。」など

ところで、この質問は、まだ具体的じゃないです。「通常は」と書いたのはそのためです。

1「ひらがな一つ」とは、なんの字ですか。
2 そのひらがなに関する話とは、どんな話ですか。
3 子どもたちが発言した「自分の知っていること」とは、例えばどんなことですか。
4 その様子から「効率が悪い」と感じられたのですが、どの活動に、それぞれ何分の時間がかかっていたのですか。
5 その中で「効率が悪い」と感じたのは、どの部分で、それはなぜですか。
6「授業全体が遅れいく」ことを指摘されていますが、その日の授業はどこまでを予定していて、何がどの程度遅れたのですか。
7『谷先生はどのように効率よく授業を進めていきますか？』とのご質問ですが、上のような詳しい内容が分かった場合、谷が「効率よく授業をすすめない」ことを選択する可能性もありませんか。授業では、長い目で見れば、その時間の効率を犠牲にすることがあり得ると思います。
8 上のような授業場面をみて、ご自分なら、どのように効率よく授業を進めようと思われましたか。

Q14 いじめの前兆を発見したら

今までの教師生活の中で、いじめの前兆となる生徒の行動「悪口・陰口」を発見したことがありましたら、その時にどんな対応をしましたか？

私は今、いじめの前兆となるかもしれない「悪口・陰口」への対応を学ぼうと、本などで学習しております。

昨年小学校に臨床実習に行った際、私に友だちの悪口を言ってくる生徒がいました。私はその生徒に「そんなこと言っちゃだめじゃん」としか言えませんでした。他にどうすることもできませんでした。今でも自分の対応に悔いが残っています。

チューターで中学校に行っていても、「悪口・陰口」のような言葉を耳にすることがあります。そんなときに、本物の対応をしたいのです。
谷先生の「悪口・陰口」への対応を教えてください。

A14 悪口を言ってくる子にも、共感して聞く

あなたの対応は、それほど悪くないと思いますよ。私も、「告げ口をするな」と言ったことがあります。
ただ、現在は、友だちの悪口を言ってくる子に対しても、まず共感して聞いています。

「へえー」「そうなの？」「たいへんだったんね」「それで、あなたはどう思うの？」

そんな感じでしょうか。
今日の、出来事です。
日番さんに「バケツの片づけ」を頼みました。4年生です。ふたりいるので、仕事をするほうを「ジャンケン」で決めました。女の子が負けて、バケツを片づけることになったのですが、その瞬間、むこうの方で、小さく「よっしゃー」という声がしたのです。
通常は見逃す場面でしょうけど、私は、

「今、よっしゃーと声をあげた人、前に出てきなさい。ふたりいたはずです。」

厳しい口調でいいました。ひとりが、すぐに出てきましたが、あとはシーンなっています。このつづきは、機会があれば。
要するに、「事例」に即して、具体的な指導場面を切り取って語ることが重要なのですね。

Q15 向山型社会とは

自分は社会科専攻です。谷先生といえばなんといっても向山型社会！！それについて聞きたいです。

谷先生にとって向山型社会とはなんですか？

A15 谷にとってのあこがれです

問いが大きすぎるのですね。谷が向山型社会をどのように捉えているか、その事を語るだけで本になると思います。現在、トークラインで連載が２年目に突入中ですし、ツーウェイでも連載したことがあります。それを、あえて一言で答えよ、と言われると、抽象的になります。

谷とっての向山型社会。それは「あこがれ」です。それは「未来」です。それは「挑戦対象」です。

Q16 無気力な子たちを歌わせる指導

やんちゃクラス（何に対しても無気力に取り組む）の子たちを歌わせるようにするには、どのような指導をすればいいですか。

A16 「局面の限定」をし、「変化のある繰り返し」で、「個別評定」をしながら、楽しく

私の歌唱指導は我流です。いわばデタラメです。でも、やんちゃくんも、ほとんどの場合、歌います。サークルで模擬的にやってみせることがありますが、これは、ライブでないと伝わらないのです。

小学校の２年生ですか？ならば、よほどの事情のある子でなければ、歌い

ます。

私は、子どもに歌を教えるのが好きです。好きでたまりません。でも、いろいろな事情があって、自分で音楽の授業を持っていない時などはかなり指導を控えています。

歌を教える前には、念入りに楽譜を確かめます。CDがあればいいのですが、ない場合にはメロディーと、コードをチェックするのです。（ギターしか弾けませんので）

当然ですが、私が気に入った曲しか教えません。教師が好きになれない歌は、私にはうまく指導できません。

指導は、一曲あたり一回に5～10分です。一曲通して歌うことは、最初のうちはほとんどありません。

冒頭の数小節、または、サビの数小節など、この曲で一番ポイントと思える部分を数箇所確定しておきます。

別に難しく考えてなくて、私が好きな部分でいいのです。その部分を、集中的に、指導します。

「局面の限定」をし、

「変化のある繰り返し」で、

「個別評定」をしながら、

とにかく楽しくやるのです。

また、子どもを集める隊形も重要です。私は教室で指導することがほとんどです。教室の前方のコーナーに子どもを集めます。

「歌の練習をします。集まりなさい」

集まってなくても、指示をして数秒後にCDをかけます。またはギターを弾きはじめます。ここではCDをかけているとして話を進めます。

集まっている子から楽しく歌いはじめます。数小節でストップし、集まっていない子、2名程度に場所を指示します。

「○○君、ここですよ。」
「△△君、あと2歩、前に出なさい」

注意や叱責をするのではなく、具体的な指示をします。指示しながら、後ろ手にCDの再生を押していて、すぐにイントロが始まります。また、数小節歌います。
ストップします。

「○○さん、上手だなあー」
「一番前の人は、一番後ろに行きなさい」

このようなことを、微妙に変化させながら数回繰り返すと、一番後ろにいた子たちが前に押し出されてきます。お分かりでしょうけど、自由隊形で集まっていますので、一番前にいた子たちはやる気満々の子です。後ろにいた子は歌う気がなかった子です。それが、ローテーションで教師に近づきつつ、私は個別評定を始めます。
上手な子（ごく少数）を座らせてしまうのです。
この間、終始、私は楽しくて楽しくてたまらないという「雰囲気」「笑顔」です。
文字ですと、伝えられることに限界がありますね。今回はこのくらいでお許しください。でも、ここに書いたことのおそらく何十倍もの様々な手立てがありますし、また、現場の子どもたちの様子によって、様々にそれを変化させているのです。

Q17 生徒の興味を誘う話題とは

谷先生はどのようにして生徒の学習への興味・関心を誘うような話題を見つ

けていらっしゃいますか。

A17 まず教授したい内容がある

これも問いが大きくて難しいですね。ただ、興味・関心を誘うような「話題」が先にあるのではなく、まず教授したい内容があります。それがどのような内容であっても、子どもたちがのってくるようにしたいわけです。

Q18 日常の感動

今日、感動したことはなんですか？わたしは教師になったら、教師として、子どもたちのことで毎日感動したい！思っています。よろしくお願いします。

A18 私は仕事の場面では冷静を装いたいタイプです

この質問は、難しいけど、好きだなあ。

1 まず、私はあまり感動したことを人に言いたいタイプではありません。私は、仕事の場面では、冷静を装いたいタイプなのです。

2 3日ほど前のことですが、算数のテストの時。4月には、まったく何もやろうとしなかった「ゆうじ君」が、こう言いました。

「先生、テストがはかどるな。」
「先生、ぼく、この一番前の席がいい。」

3年生の時には、たびたび脱走していた子です。これは、やはり感動します。

谷学級の教室グッズ

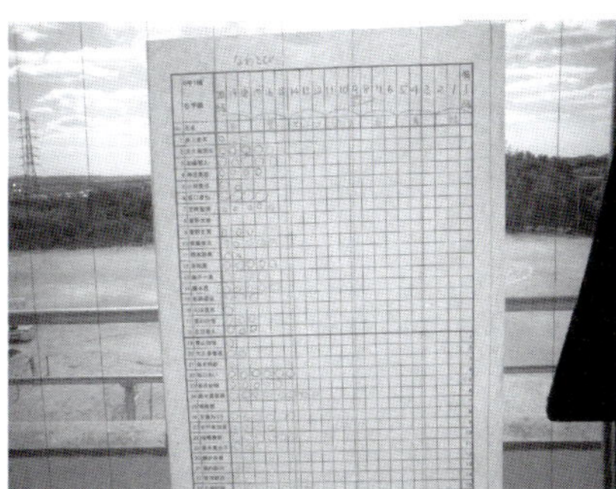

1　なわとび級表
窓ガラスにはってある。
おそらく、自己申告で○をつけさせていく。

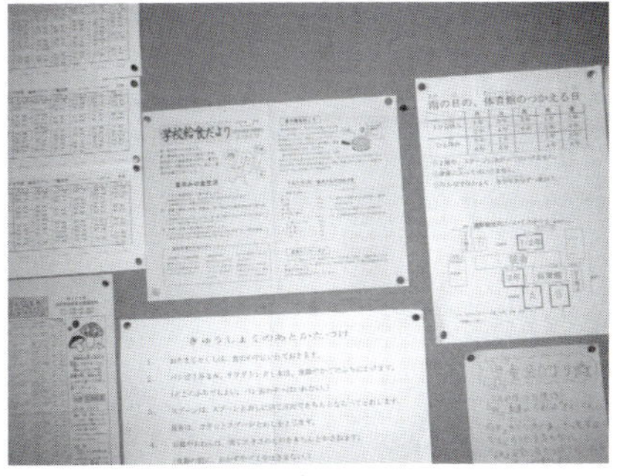

2　教室前黒板横の掲示板
「学校給食だより」
「体育館使用日」
「児童会だより」
などが掲示されている。

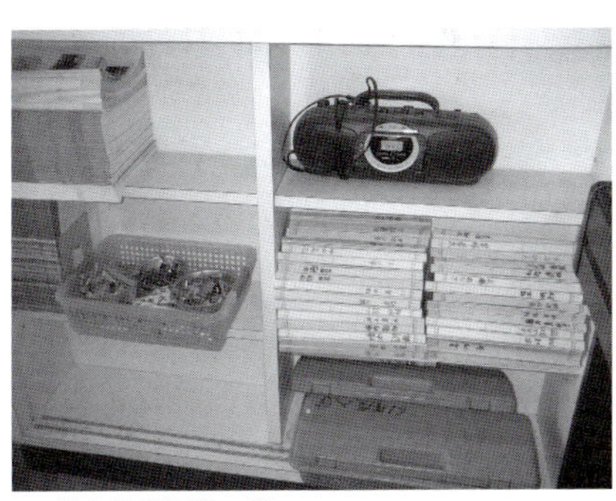

3　教室前黒板横の棚
きれいに整理されている。

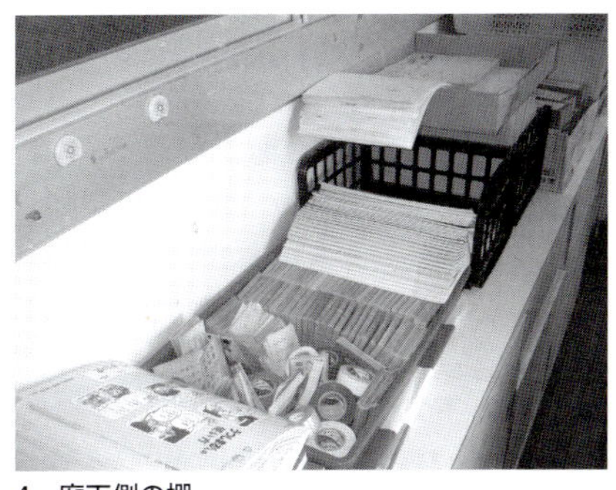

4　廊下側の棚
手前にあるのが百人一首。
色別に輪ゴムで止めてある。

5　机横の文房具セット 1
鉛筆や赤鉛筆がぎっしりと入っている。
チョークも豊富。
丸磁石がよく使われる。

6　机横の文房具セット 2
同じ場所。
角度を変えて。

7　教卓の後ろの棚
谷先生の著書もある。
向山型国語教え方教室のバックナンバーがずらり！

8　廊下側の棚
百科辞典がずらり。
子どもたちが手をのばして取りやすくなっている。

9　教室背面の掲示板
暗誦スキルの作品がずらりと並ぶ。

10　酒井式のポスターと習字
ポスターは滝野南小のホームページから見ることができる。

11　クラスのボール
豊富にある。
サッカーボール、ドッチボール。ソフトバレーボールの3つ。谷先生の許可を得ないと借りれないシステムらしい。

12　谷学級の授業中の様子
心地よい緊張感と知的な空気が漂う。

あとがき

学級経営で悩む先生が多い。私もその一人である。

たとえば「高学年女子」への指導だ。

基本的なスタンスとして、女子への対応は、男子への対応と原理が若干異なるのではないかと思っている。向山先生は学級経営の秘訣として、

すべての子が、『先生は私を“えこひいき”してくれた』と思うようにすること

を挙げられたことがある。

この原則は女子では更に有効だと感じている。

たとえば、誉める時の方法として、「男子はみんなの前できっぱりと誉める」ことが極めて有効である。しかし、女子はその子だけにそっと誉めることのほうが有効な場合がある。

男子のボスを落とす時の原理は、いわば単純だ。

集団を味方につける
大人社会（公）を味方につける

しかし、これをそのまま女子のボスに適用すると、時に傷を深くする場合があるということを私も経験している。思春期の女子の微妙な心理は、私には想像のしようもないわけだが、それでも「本当の気持ちと違うことを言う」とい

うのはよくあることだろう。もちろん男子にもあるが、微妙にニュアンスが違うという感じがする。

かつて、「先生なんか大ッ嫌い」とある女子に言われていたことがある。私は「そうか。でも先生はあなたのことが大好きだよ」ということを、言葉ではなく、態度や表情で訴えつづけたことがある。結果、何ヶ月たってもその子の態度は変わらなかったが、卒業直前に変化し、笑顔で話をしてくれるようになった。

結局のところ、学級経営力は授業力である。

しかし、このような微妙なニュアンスの付き合い方も、やはりあるにはある。

TOSS西風のサークルや、TOSSデーの西風会場では、そのような問題についても、みんなでわいわい言いながら知恵を出し合ってきた。

解決できない壁はない。困難であればあるほど挑戦のしがいがある。

玉川大学教職大学院　教授
TOSS代表
谷　和樹
〒215-0001　神奈川県川崎市麻生区細山6-1-17

【著者紹介】
谷　和樹（たに　かずき）
玉川大学教職大学院教授。
北海道札幌市生まれ。神戸大学教育学部初等教育学科卒業。
兵庫教育大学修士課程学校教育研究科教科領域教育専攻修了。
兵庫県の公立小学校に 22 年勤務。
TOSS（Teachers' Organization of Skill Sharing）代表
著書「子どもを社会科好きにする授業」（学芸みらい社）他　書籍・論文多数。

【編集協力】
岩田　史朗（石川県 公立小学校）
河野　健一（千葉県 公立小学校）
松山　英樹（神奈川県 公立小学校）

谷和樹の学級経営と仕事術

2017 年 12 月　初版発行
2021 年　3 月　第 1 版第 2 刷

著　　者　　谷　和樹
カバーイラスト　谷　和樹
装丁デザイン　株式会社グローブグラフィック
発行者　　師尾喜代子
発行所　　株式会社　騒人社
〒 142-0054　東京都品川区西中延 3-14-2 第 2 TOSS ビル
TEL 03-5751-7662　　FAX 03-5751-7663
会社 HP　　http://soujin-sha.com/
本文レイアウト・印刷製本　株式会社双文社印刷

ISBN978-4-88290-079-5